Die Rauhnächte

Im Fluss der Zeiten

Mein Rauhnächte-Workbook

20...

ANNETT HERING

KAMPENWAND
VERLAG

Vita

In ihren ersten 34 Lebensjahren deutete nichts auf die nachfolgenden Entwicklungen hin. Annett Hering wurde rational, pragmatisch und dennoch sehr liebevoll von ihren Eltern (Lehrerin & Dipl. Ingenieur) erzogen. Die Rauhnacht-Weisheiten von Opa wurden eher belächelt und gegen die Kräuterkunde von Oma gab es auch ein Mittel. Ihr Weg führte sie in die Hotellerie und nach dem Studium der Betriebswirtschaft zehn Jahre in einen deutsch-schwedischem Großkonzern, wo sie als Controller und Callcenterleiter die Vor- und Nachteile dieser Strukturen (er)lebte.

Ende der 90er Jahre ergab sich der Kontakt mit Feng Shui und hat sie seitdem nicht mehr losgelassen. Es folgte die zertifizierte Ausbildung bei Großmeister Yap Cheng Hai (Yap Cheng Hai Academy Malaysia). Dieser beeindruckende und humorvolle Mann, hat ihr mehr als nur klassisches Feng Shui beigebracht. Er hat in ihr verankert, dass alles, auch das scheinbar nicht Erklärbare erklärbar ist. So konnte sie ihren rationalen Geist öffnen und das manchmal Unfassbare annehmen.

Das Jahr 2002 war dann die Sollbruchstelle in ihrem Geschäftsleben. Der sichere Angestelltenjob keine Option mehr. Annett Hering kehrte in ihre Heimat zurück und eröffnete in Dresden in der schönen Kunsthofpassage das Feng Shui Haus. Das Konzept: geschmackvolle Geschenkartikel – auch aus der hauseigenen Manufaktur, spirituelle und dennoch bodenständige Sortimente wie Naturkosmetik, Räucherwaren, Edelsteine und Mineralien, Klangschalen und ätherische Öle. Seit nunmehr 20 Jahren eine erfolgreiche Balance aus Wandel und Kontinuität, wie auch der neue Name „Im Fluss der Zeiten" zeigt.

Im Laufe der Jahre erwachte immer mehr ihr Interesse an Ritualen in und mit den Zyklen der Natur. Bei der Schamanin Denise Linn lernte sie das Reinigen von Energien in Räumen (Spaceclearing) und erhielt eine Soulcoaching-Ausbildung. Ihr geschätzter Lehrer und Großmeister Prof. Dr. Jes Lim (Qi-Mag Institute) lehrte sie das Heilen des Landes (Geomantie) und bildete sie zum Senior-TAO-Geomantie-Meister aus.

Mit dem Zuwachs an Wissen und Erfahrung wuchsen die Leidenschaft und das Interesse an ganzheitlichen Themen. Die Magie der Rauhnächte, zu denen sie schon in ihrer Kindheit bei ihren Großeltern Kontakt hatte, faszinierte sie mehr und mehr. In Räucherseminaren lernte sie um die Wirkung und die Zusammenhänge von Räucherstoffen. Seit 2009 begleitet sie auf ihrem Blog www.im-fluss-der-zeiten.de Jahr für Jahr ihre Leser einfühlsam durch die Rauhnächte.

Annett Hering lebt mit ihrer Familie glücklich am Rande von Dresden auf einem Dreiseitenhof.

Bildnachweis

Unsplash: Aaron Burden, Chirag Nayak, Donnie Rosie, Alison Marras, Annie Spratt, Julian Hochgesang, Thomas Dumortier, Emily Bauman, Ben White, Allie Smith, Thomas Stephan, Kayla Maurais, Franco Antonio Giovanella, Jason D, Soulful Stock, Michelle Tresemer, Yan Ming, Aleksey Ovcharov
Alle weiteren Fotos sind von der Autorin erstellt.

Impressum

© 2020 Kampenwand Verlag
Raiffeisenstr. 4 . D-83377 Vachendorf
www.kampenwand-verlag.de

ISBN: 978-3-96698-546-8

Versand & Vertrieb durch Nova MD GmbH
www.novamd.de . bestellung@novamd.de . +49 (0) 861 166 17 27

Text: Annett Hering
Layout und Satz: Carolin Gansauge
Quelle (Seite 50) Carlo Karges/Lutz Rahn (1975), Wer Schmetterlinge lachen hört [aufgenommen durch Novalis]. Novalis. Hamburg: SMV Schacht Musikverlage Gmbh & Co. Kg
Druck: Ömür Printing . Birlik Cad. No.: 20/1 . Beylikdüzü 34524 Istanbul . TURKEY

Alle Rechte der Verbreitung, auch durch Funk, Fernsehen und sonstige Kommunikationsmittel, fotomechanische oder vertonte Wiedergabe sowie des auszugsweisen Nachdrucks vorbehalten.

Für die in diesem Buch beschriebenen Rezepte und Räuchermethoden übernimmt die Autorin keine Haftung. Sie haftet nicht für Schäden, die aus der Anwendung der im Buch vorgestellten Hinweise und Ratschläge entstehen könnten.
Sie weißt ausdrücklich darauf hin, dass alle gemachten Aussagen bzgl. heilender Wirkungen in diesem Buch bisher weder wissenschaftlich nachweisbar noch medizinisch anerkannt sind. Sie stellen keine Therapie- oder Diagnoseform im ärztlichen Sinne dar. Die Verwendung von Räucherwerk, Räucherharzen, Edelsteinen, Mineralien oder Ätherischen Ölen darf keinesfalls ärztlichen Rat oder Hilfe ersetzen. Bei gesundheitlichen Störungen sprich mit deinem Arzt oder Heilpraktiker. Die vorgestellten Methoden bieten keinen Ersatz für eine therapeutische oder medizinische Behandlung.

Inhaltsverzeichnis

Vorwort

Alles begann in einer Schmiede. In der Schmiede meines Opas Alfred. Als kleines Mädchen liebte ich es, am heißen Schmiedefeuer zu sitzen. Ich schaute dem alten Mann mit dem vollen weißen Haar und den kräftigen, schwieligen Händen, unter dessen Nägel immer etwas schwarzer Kohlenstaub zu sehen war, bei seiner Arbeit zu. Ich beobachtete, wie er mit der Kraft des Feuers aus einem Klumpen Eisen ein Hufeisen schmiedete oder ein Gartentor. Während er geschickt das glühende Eisen bearbeite, erzählte er mir Geschichten. Geschichten von seiner Arbeit als Hufschmied mit den Pferden, Geschichten über das Wesen des Feuers, Geschichten und Mythen über Naturwesen, die er von seinem Vater hier in der Schmiede erzählt bekommen hatte. Wenn ein Kunde vorbeikam, setzten wir uns alle auf die Bank vor der Schmiede, blinzelten in die Sonne und ich bekam noch mehr Geschichten zu hören, z. B. wie er mit Bergsteigern zusammen in der Sächsischen Schweiz geschmiedete Leitern an Felsen anbrachte ... und wie sie dabei Irrlichter beobachteten und wie diese sie vom Weg abbrachten. Er erzählte mir von der magischen Zeit der Rauhnächte. Der Zeit zwischen den Jahren, in der die Geister der Zeit frei sind und uns auf das kommende Jahr vorbereiten. Opa Alfred beobachtete und notierte sich in diesen Tagen alles: das Wetter, Begegnungen und was passierte. Im Jahr holte er immer wieder sein kleines, total zerfleddertes Büchlein raus und konnte uns sagen, ob der Frühling Überraschungen bereit hält, ob der Sommer heiß und trocken wird und warum wir im Herbst achtsam sein müssen. Mit seinen Geschichten säte mein Opa Samen in mir. Samen, welche lange ruhten, viele Jahre später aufgingen und jetzt Früchte tragen. Vielleicht kann ich in dir auch einen Samen legen – den Samen der Begeisterung für die Magie der Rauhnächte. Den Samen der Offenheit für die Mystik dieser Tage. Den Samen der Achtsamkeit, dir selbst gegenüber.

Ich wünsche dir eine gesegnete Rauhnachtszeit mit magischen Begegnungen, wunderbaren Visionen, klaren Erkenntnissen und ganz viel Ruhe und Liebe in dir!

Anett Hering

DEINE ERFAHRUNG DES JAHRES

Die Reise durch die Rauhnächte

Das Rad der Zeit scheint sich von Jahr zu Jahr schneller zu drehen. Im Herbst spricht man davon, dass das Jahr schon wieder vorbei ist. Und nach einer meist noch hektischeren Adventszeit ist plötzlich Heiligabend und man kann mit einem Mal das Gefühl der Ruhe spüren. Sie breitet sich ganz langsam aus und erreicht dann unser Herz. Auch wenn es an den Feiertagen hoch hergeht, etwas ist anders geworden – wir sind in der Zeit der Rauhnächte angekommen.

Die Rauhnächte haben ihren Ursprung in den Kulturen und Bräuchen der Germanen und Kelten. Das Wissen um das Besondere dieser Zeit, ihre Magie und Geheimnisse, ist bis heute gelebte Tradition. Früher stand die Abwehr von Geistern und Dämonen und eine Verbindung mit den Geistwesen, Göttern und Mächten der Natur im Vordergrund. Heute wird mit den Rauhnächten die Sehnsucht nach Ruhe, Besinnung, Innenschau und Neuausrichtung verbunden. Es sind zwölf Tage, die aus der Zeit fallen. Sie entstehen aus der unterschiedlichen Dauer des Mond- und Sonnenjahres. Das Mondjahr, auch Lunarjahr genannt, hat 354 Tage. Der Mond benötigt von Neumond zu Neumond 29½ Tage. 29½ Tage x 12 Monate = 354 Tage. Das Sonnenjahr, bekannt als Solarjahr, orientiert sich am gregorianischen Kalender und zählt 365 Tage. Die Differenz zwischen Mond- und Sonnenjahr beträgt 12 Tage – die „Zeit zwischen den Jahren". Jeder dieser 12 Tage steht für einen Monat des kommenden Jahres und ist mit verschiedenen Themen, die das alte Jahr abschließen und eine Grundlage für das neue Jahr bilden, verbunden. Es gibt mehrere Überlieferungen, wie die Rauhnächte zu ihrem Namen gekommen sind. So wurden die Wintertage, die Tage, an denen es länger dunkel als hell ist, als „Jahresnächte" bezeichnet. Die Silbe „Rauh" geht wohl auf das mittelhochdeutsche Wort „rouch", was soviel wie „Räuchern" bedeutet, zurück. Das Räuchern war seit jeher ein zentraler Bestandteil der Rauhnachtsbräuche.

Wir leben in einer Zeit des schnellen Wandels. Dabei suchen wir Kraft in den Wurzeln und die Kreise schließen sich. Die Magie, welche diese Zeit ausstrahlt, lädt ein, diese 12 Tage für sich selbst zu zelebrieren. Das Außergewöhnliche dieser Zeit hängt nicht unbedingt mit religiösen Riten und Gebräuchen zusammen, denn es ist ein kosmisches Naturereignis und wiederholt sich Jahr für Jahr, unabhängig von spirituellen Trends.

Ich kann mich gut erinnern, dass mein Opa schon immer seine Beobachtungen zu dieser Zeit in ein kleines Büchlein notiert hat. Das waren Notizen über das Wetter, Himmelskonstellationen, seine Träume und alles, was Ungewöhnliches an diesen Tagen passiert ist. Während des Jahres hat er dieses kleine Büchlein immer wieder hervorgeholt und seine Bemerkungen zu den Ereignissen gemacht. Oma nickte dann immer weise dazu ...

Während der Rauhnächte werden die Schleier, die die geistige Welt verhüllen, dünner. Wer diese Tage gut zu nutzen weiß, kann viel über sich selbst erfahren. Auch wenn einige Bräuche und Rituale veraltet zu sein scheinen – noch immer nutzen wir diese geheimnisumgebene Schwellenzeit, um innezuhalten und zurückzuschauen, um zu feiern, Freunde zu treffen oder uns unserer Familie und uns selbst zuzuwenden.

Die Rauhnächte bieten uns einen Zugang in eine Welt voller Magie, die jenseits des Alltags liegt. Wohin uns diese Reise führt, ist allein unsere Entscheidung. Wir können diese Zeit nutzen, um einfach etwas zur Ruhe zu kommen, Zeit für andere zu haben, der Stille und Besinnung etwas mehr Raum in unserem Leben zu geben oder eine tief reichende, innere Verwandlung anzustreben, an deren Ende ein wirklicher Neubeginn steht.

Keiner dieser 12 Tage gleicht dem anderen. Jeder hat eine andere Botschaft, ein eigenes „Thema". Wenn wir innehalten, uns öffnen und hineinfühlen in diese eigene Zeitqualität, können wir Botschaften für die kommenden zwölf Monate empfangen und uns mental auf die anstehenden Herausforderungen und Chancen vorbereiten. Die Rauhnächte sind eine Zeit für die Seele, in der wir uns neu orientieren und dabei wieder zu uns selbst finden ... wenn wir uns denn darauf einlassen können und wollen 😉 .

Man sagt den Begegnungen in der Zeit der Rauhnächte magische Bedeutung zu. Schau, wer deine Wege kreuzt, wem du wiederbegegnest und wen du kennenlernst. Diese Menschen werden in deiner nahen Zukunft eine nicht unwesentliche Rolle spielen.

Wie du dich auch entscheidest, diese Zeit zu leben. Der Zauber der Rauhnächte ist nur mit dem Herzen und nie mit dem Kopf zu entdecken.

In den Rauhnächten bietet es sich an, neben Meditationen oder Orakeln auch Rituale durchzuführen. Rituale helfen dabei, Alltagsgewohnheiten zu durchbrechen und uns während der Rauhnächte in den Ritualen mit höheren Sphären zu verbinden. Sie haben einen spirituellen Charakter und sollten immer würdevoll und in einer feierlichen Stimmung durchgeführt werden.

In diesem Sinne: Nimm dir die Zeit für dich und beginne! Lass dein eigenes Ritual entstehen, welches von Tag zu Tag und von Jahr zu Jahr wachsen und sich entwickeln darf!

Einstimmung und Vorbereitung auf die Rauhnächte

Die Zeit der Rauhnächte ist eine innere Reise zu dir selbst. Jeder findet in dieser Zeit seinen ganz individuellen Weg. Nichts muss ... alles kann ...

Die Reise beginnt, wie jede Reise, indem wir uns vorbereiten und dann die Tür hinter uns abschließen. Dann werden wir still und orientieren uns. Wir öffnen uns für Neues und entdecken unbekannte Gefilde in uns selber. Mit diesen neuen Wahrnehmungen bestimmen wir dann unsere Herzensziele. Um diese zu erreichen, müssen wir noch etwas alten Ballast abwerfen, der uns den Aufstieg zu neuen Gipfeln erschwert. Letztendlich begrüßt uns der Neubeginn – und wir begrüßen ein neues Jahr voller freudiger Herausforderungen.

Um in dieser Zeit wirklich zur Ruhe kommen zu können und diese spannende Reise zu dir selbst anzutreten, solltest du entsprechende Voraussetzungen schaffen. Diese beginnen in der bewussten Organisation freier Zeit für dich selbst ... so ganz ohne schlechtes Gewissen 😉 ! Und besorge dir gleich noch ein Türschild mit der Aufschrift „Bitte nicht stören"!

Auch wenn die Vorweihnachtszeit voll mit Verpflichtungen und Besorgungen ist, versuche dich in der Adventszeit schon langsam auf die bevorstehende Phase der Rauhnächte einzustimmen. Die Sehnsucht nach der Besinnung in dieser eigentlich besinnlichen Zeit ist groß. Schaffe dir bewusst Freiräume in der Weihnachtszeit. Geh in die Natur und spüre die Qualität der Stille. Stimme dich auf die Rauhnächte ein, indem du das Jahr im Innen und Außen zu einem guten Ende führst.

→ Folgendes ist dabei hilfreich

- **Trage keinen Groll mit ins neue Jahr ...** Suche das Gespräch mit Menschen, bei denen du das Gefühl hast, eure Beziehung ist durch offene, ungeklärte Themen belastet.
- **Begleiche offene Rechnungen und Schulden und mache reinen Tisch ...** im direkten wie auch übertragenen Sinne. Ist dies nicht möglich, darfst du deine Dankbarkeit für eine „Fristverlängerung" in einem Gruß, direkt oder an eine höhere Ebene formulieren.
- **Bringe all die Dinge zurück,** die du dir dieses Jahr ausgeliehen hast und hole dir Verborgtes zurück.
- **Erledige Rückrufe, E-Mail-Antworten und löse gegebene Versprechen ein.** Vereinbare dafür evtl. einen konkreten Zeitpunkt im neuen Jahr.
- **Laut den alten Überlieferungen sollen in den Rauhnächten alle Räder still stehen.** So wurde früher nicht gewaschen, gesponnen oder gemahlen, da sich in dieser Zeit nur das Rad des Schicksals dreht.
- **Weiter heißt es, dass in den Rauhnächten keine Wäsche aufgehängt werden soll,** damit sich die Geister und Dämonen nicht darin verfangen. Auch wenn du einen Wäschetrockner hast, ist es vielleicht ganz angenehm, dich in diesen Tagen nicht mit solch alltäglichen Dingen zu beschäftigen.

- **Um Neuem einen Platz zu schaffen, reinigen wir unseren Lebensraum.** Ob Haus, Wohnung, eigenes Zimmer, Büro oder was immer du als deinen Lebensraum bezeichnest – beginne Ende November all deine Räume zu sortieren und zu klären. Tu dies in einer ruhigen Stimmung und ohne Druck und schaffe eine klare Atmosphäre.
- **Verlasse deinen Arbeitsplatz am letzten Arbeitstag aufgeräumt und ohne offene Vorgänge.**
- **Besorge dir alles, was du für deine Rauhnachtsrituale benötigst.** Unsere Einkaufsliste findest du auf der nächsten Seite.
- **Nutze die Zeit bis Weihnachten, um das vergangene Jahr noch mal Revue passieren zu lassen.** Was möchtest du davon nicht mit ins neue Jahr nehmen? Was will noch zu Ende geführt werden? Zusätzlich kannst du Ereignisse, Begegnungen, Gedanken oder was dich unangenehm berührt notieren und mit einem Ritual bewusst loslassen. Dies kann durch eine Übergabe ans Feuer geschehen. Manche mögen es, die Themen an einem gasgefüllten Luftballon in den Himmel steigen zu lassen. Und manch einer zerreißt die Notizen einfach mit dem Wissen, dass die Gefühle dazu nun gehen dürfen. Du wirst das Passende für dich finden!

Es ist schön, das Jahr geregelt abzuschließen. Es macht innerlich frei, wenn im Außen alles erledigt ist, und du dich in den Rauhnächten ganz um dich und dein Inneres kümmern kannst.

→ Einkaufsliste für die Rauhnächte

Die Weihnachtstage sind erfahrungsgemäß schneller da, als man erwartet, genauso wie die noch zu erledigenden Dinge. Nachfolgend eine Auflistung, was dich in deinen Rauhnachtsritualen unterstützt. Überlege dir, was du wirklich brauchst. Vielleicht hast du einiges auch noch vom letzten Jahr zu Hause?

Grundausstattung zum Räuchern

- **Das Räuchergefäß**

  Dieses steht im Mittelpunkt all der Zeremonien. Wähle also eines, an dem du dich wirklich erfreust. Dies kann ein spezielles Räuchergefäß, eine Räucherpfanne, Keramik- oder Tonschale sein. Dieses muss auf einer feuerfesten Unterlage stehen. Für Hausreinigungen ist es sinnvoll, wenn man das Gefäß gut durchs Haus tragen kann, z. B. eine Räucherpfanne mit Stiel.

- **Räucherkohle und Räuchersand**

  Die spezielle Räucherkohle (manchem auch als Shisha-Kohle bekannt) ist mit Magnesium versetzte Kohle in Scheibenform. Achte hier auf hochwertige Kohle, die angenehm riecht und nicht so stark raucht. Vielleicht hast du von deinem letzten Urlaub am Meer noch etwas Sand da? Ansonsten gibt es Räuchersand im Fachhandel.

- **Eine Feder zum Verteilen des aufsteigenden Rauches**

- **Räucherlöffel und Zange (optional)**

- **Streichhölzer oder Feuerzeug**

- **Räucherzutaten**

  An Räucherzutaten gibt es eine reiche Auswahl. Wenn du selbst gesammelte und getrocknete Kräuter, Harze und Hölzer verräucherst, benötigst du noch einen Mörser zum Zerkleinern.

Folgendes Räucherwerk empfehle ich dir für die Rauhnächte

1. **Variante „Ich will alles"**

   Alantwurzel, Angelikawurzel, Beifuß, Benzoe Siam, Bernstein, Birke, Copal, Damiana, Dammar, Eberesche, Efeu, Eichenmoos, Eisenkraut, Eukalyptusblätter, Frauenmantel, Galgant, Holunder, Holz, Iriswurzel, Jasminblüten oder Jasminweihrauch, Johanniskraut, Kardamom, Koriander, Lorbeer, Mastix, Melisse, Mistel, Muskatellersalbei, Myrrhe, Nelken, Palo Santo, Rosenblätter, Rosmarin, Sandarak, Styrax, Thymian, Tonkabohnen, Vetiver, Wacholderbeeren, Wachholderharz, Weidenrinde, Weihrauch, Weißer Salbei, Yerba Santa, Zeder und Zimt.

   Du kannst dir das Räucherwerk einzeln besorgen und individuell mischen. Alternativ habe ich für die einzelnen Tage Mischungen erstellt, welche du erwerben kannst. (Seite 199)

2. **Variante „Ich will nicht alles, aber mehr als einfach"**

   Du weißt nicht, ob du jeden Tag zum Räuchern kommst oder es dir einfach zu viel ist? Als Basics für die Rauhnächte empfehle ich Weihrauch, Myrrhe und Weißer Salbei. Gut zu ergänzen mit den Rauhnächte-Räucher-Mischungen.

3. **Variante „Ich will es ganz einfach"**

   Der schnelle Weg ist, jeden Tag die Rauhnächte-Komplett-Räuchermischung „12Nächte" (Seite 202 ff.) zu verwenden.

Grundausstattung für den Altar

- **Ein Altartuch, alternativ ein sauberes, schönes Tischtuch**
- **Eine Feder (das kann auch die Räucherfeder sein)**
- **Eine Kerze**
- **Eine Muschel**
- **Ein Kristall oder Edelstein**

1
2
3
7
8
6
5
4

Grundausstattung für das Rauhnächte-Kristall-Grid (optional)

- **Rauchquarz-Pyramide (1)**
- **Obsidian-Pfeilspitzen (2)**
- **Pyrit-Brocken (3)**
- **Amethyst-Trommelsteine (4)**
- **Amethyst-Spitzen (5)**
- **Bergkristalle (6)**
- **Münze (7)**
- **Rauhnächte-Kristalle (Seite 176) (8)**

Außerdem solltest du genügend Kerzen im Haus haben – für all die Menschen, die man liebt und denen man ein Licht schicken möchte, und eine Kerze für den Rauhnächte-Altar.

Zum Festhalten deiner Visionen und Gedanken kannst du dieses Buch nutzen.

Während der Rauhnächte lohnt es sich besonders, ein Traumtagebuch zu führen. Allein schon die Absicht, das Geträumte zu notieren, verbessert die Traumerinnerung oft enorm. Lege einen Notizblock direkt neben das Bett. Wenn du morgens aufwachst, bleibe noch einen Moment ruhig liegen und frage dich „Was habe ich geträumt?“. Notiere alles, woran du dich erinnern kannst, ohne lange zu grübeln. Halte dich nicht bei Details auf, achte vor allem auf Stimmungen und Gefühle. Manchmal bemerkt man bereits beim ersten Notieren eine Botschaft. Später am Tag kannst du die Fragmente in dieses Workbook übertragen.

Möchtest du die Chance für eine Zukunfts-Collage nutzen, besorge dir Materialien dafür: Fotokarton, Leinwand oder Bilderrahmen als Untergrund, Zeitschriften zum Ausschneiden, farbige Stifte oder Farben zum Gestalten.

Du möchtest im neuen Jahr Glück verschenken? Denke an kleine Glücksbringer.

Das Arbeiten mit diesem Buch

Eine Rauhnacht beginnt immer am Abend mit Einbruch der Dunkelheit und geht am nächsten Tag mit der Abenddämmerung in die nächste Rauhnacht über. Das heißt, die 1. Rauhnacht beginnt am 24. Dezember abends und geht am 25. Dezember mit Einbruch der Abenddämmerung in die 2. Rauhnacht. So ist immer eine Nacht und ein Tag der jeweiligen Rauhnacht zugehörig.

Die zwölfte Rauhnacht endet am 5. Januar um Mitternacht auf den 6. Januar, dem Tag der Heiligen Drei Könige. Sie schließt die Schwellenzeit ab.

In der Zeit der Rauhnächte überlagern sich die Welten, eine klare Zuordnung ist schwierig. Diese Zeit zwischen den Jahren, die weder so richtig ins alte noch ins neue Jahr gehört, bleibt schwer greifbar. Es gibt verschiedene Sichtweisen und Überlieferungen, wann die Rauhnächte beginnen und enden. Manche Zählweisen beginnen mit der Wintersonnenwende, andere am Weihnachtsabend, manche um Mitternacht, andere mit der Dämmerung. Die Tradition, die ich bei meinem Opa kennenlernte, begann am Weihnachtsabend mit Einbruch der Dunkelheit - und so lebe ich es auch. Es ist die Zeit des Spürens, Fühlens und Erahnens. Vertraue deiner Wahrnehmung und finde deine Wahrheit.

Die zwölf Rauhnächte gelten als Abbild der 12 Monate des kommenden Jahres. Auf den folgenden Seiten findest du Themen, Fragen, Affirmationen, Rituale und Meditationen für die einzelnen Tage und Nächte. Sie sind angelehnt an den Jahreskreis, an die Abfolge der Sternbilder und folgen einem roten Faden, der sich an Überlieferungen und Fragen der heutigen Zeit orientiert. **Es geht nicht darum, dass du alle Punkte täglich abarbeitest, die Konzentration liegt auf dem, WAS du tust.** Nimm die Aufgaben und Fragen als Anregung, das Potential, welches in dieser Zeit liegt, zu nutzen. Lass dich von der Fülle nicht unter Druck setzen, **wähle die Punkte, mit denen du in Resonanz gehst und die in deinen Zeitplan passen.** Unterscheide, ob du dich „nur" überwinden musst, um dir eine bestimmte Aufgabe oder Frage anzuschauen, oder ob da ein wirklicher Widerstand da ist, der dir im Moment zu groß ist, um dagegen anzugehen.

Es gibt auch in den Rauhnächten Tage, da hat man keine Zeit für sich. Besuch, Verpflichtungen und vielleicht auch die Arbeit lassen einfach keinen Freiraum für persönliche Rituale. Für genau diese Situationen habe ich **das Kurz-Ritual** des Tages entwickelt. **Es dauert nie länger als 5-10 Minuten und bewahrt dir den Flow in der Energie der Rauhnächte. Sei ehrlich zu dir und nutze es nur, wenn gar nichts anderes geht.**

Schweinhunde oder Drachen? Bei allem: höre auf deine innere Stimme und auf dein Herz ... Sie sind dir immer die besten Wegweiser.

Es ist gut, sich vorher zu überlegen, wann du dir Zeit für dich und deine Gedanken nehmen möchtest. Planst du jeden Morgen und jeden Abend eine halbe Stunde Zeit ein oder verabredest du dich an drei oder vier Abenden komplett mit dir selbst? Finde den für dich besten Weg und entwickle deine (täglichen) Rituale. Es kommt nicht auf eine komplexe Abfolge vieler Einzelschritte an. Das Einfache und Authentische zählt.

Früher ging es in den Rauhnächten mehr um die äußeren Geschehnisse. In unserer jetzigen, schnellen Zeit stehen das Erkennen von Zusammenhängen, Loslassen und innere Wachstumsprozesse im Vordergrund.

Die Informationen, welche wir in den Rauhnächten sammeln, sind in ihrer Gesamtheit zu betrachten. Besondere Begegnungen, ungewöhnliche Erlebnisse, berührende Meditationen, Traumbotschaften - notiere dir möglichst jeden Tag die wichtigsten Wahrnehmungen hier im Buch. Am Ende formt sich ein Hinweis deiner Seele für dich heraus.

Die Rauhnächte sind auch Rauchnächte. Bereits bei den Kelten und alten Germanen waren die Rauhnächte eine heilige Zeit. Es wurden Haus und Hof beräuchert, um die „bösen" Geister und Krankheiten zu vertreiben und um die Götter milde zu stimmen. Bis in unsere Zeit hat sich die Tradition des Räucherns erhalten. Versuche das Räuchern immer wieder in deine Rauhnachtrituale einzubinden. Räuchere dabei die tägliche empfohlene Mischung zur Unterstützung der Themen oder wähle eine der Rauhnächtemischungen.

Zusammengefasst geht es um (tägliche) Zeit für Dich, zum ...

- **Überdenken der Themen des Tages**
- **Räuchern**
- **inneren Einkehren**
- **Gedanken schweifen lassen**
- **Niederschreiben der Erkenntnisse und Erlebnisse**

Ich habe die Qualitäten der Rauhnächte jeweils um einen Edelstein und ein ätherisches Öl ergänzt. Vielleicht magst du dich mit den ganz anderen, aber auch unglaublich schönen Energien dieser Medien beschäftigen. Möchtest du mal nicht räuchern, unterstützt das ätherische Öl dich mit seiner feinen Schwingung, während du über dich und die Themen des Tages nachdenkst. Du kannst es auch zur Traumbegleitung auf einen Wattebausch träufeln und neben dein Bett legen. Die Edelsteine stärken dich, wenn du sie tagsüber oder während des Räucherrituals bei dir trägst.

Die Autorin Anne-Mareike Schultz hat mir für dieses Büchlein ein Rauhnächte-Grid gelegt (Seite 186). Ein Grid ist ein aus Edelsteinen und Kristallen gelegtes Muster. Jedes Grid hat eine bestimmte Intention, welche dich mit ihrer Schwingung begleitet. Grids können dich unterstützen, den nächsten Schritt zu tun, sie können eine Schutz aufbauen, deine Umgebung harmonisieren, Beziehungen auf allen Ebenen wachsen lassen, Heilung senden oder Fülle in dein Leben ziehen. Unser Rauhnächte-Grid ist sehr kraftvoll und hält für dich die Energie der Rauhnächte zusammen. Es unterstützt dich in der Rauhnächtezeit, um emotionale Blockaden loszulassen, gibt deinen Träumen und Visionen eine Form und steigert dein spirituelles Bewusstsein. Vielleicht magst du es auf deinen Altar zu Beginn der Rauhnächte legen und dann täglich um den Stein des Tages ergänzen.

** mehr zu der kraftvollen Energie von Grids erfährst du in dem Buch „Crystal Grids" von Anne-Mareike Schultz.*

Dein Rauhnächte-(Räucher-)Ritual

Die Rauhnächte sind Tage und Nächte der Ruhe, des Loslassens und des Bewusstwerdens. Es ist eine Zeit außerhalb der Zeit. Alle Rituale und das Räuchern bedürfen ebendieser. LASS DIR ZEIT!

Führe die Rituale nur dann aus, wenn du wirklich die nötige Ruhe dafür hast. Das Räuchern trägt in diesen Tagen dazu bei, Ruhe und Ausgleich zu finden.

Jede Rauhnacht ist mit einem Thema verbunden. Für diese Themen habe ich anhand überlieferter Schriften und in Gesprächen mit Räuchermeistern passende Räuchermischungen zusammengestellt. Du kannst dir die jeweiligen Zutaten besorgen (Übersicht auf Seite 18) oder auf mein Angebot der passenden 12 Rauhnächtemischungen zurückgreifen (Seite 201). Wenn du noch nicht weißt, ob du es schaffst, täglich zu räuchern, kannst du auch eine der Rauhnächte-Mischungen nutzen. Es gibt hier kein besser oder schlechter …

… es gibt nur ein: „ICH HABE JETZT ZEIT FÜR MICH".

-> Dein Ritual

1. **Schaffe dir einen heiligen Raum**. Lege dir, wenn du möchtest, beruhigende Musik auf. Wenn dir danach ist, bereite dir einen Tee zu oder stelle dir ein Glas Wein zurecht.

2. **Baue deinen Räucheraltar auf**. Dazu gehören eine Kerze, dein Räuchergefäß, Räucherkohle und -sand, Räucherlöffel und -zange, eine Feder und das Räucherwerk für diesen Tag. Wenn du magst, Edelsteine und Kristalle für das Rauhnächte-Grid.

3. **Lege dir dein Rauhnächte-Buch und einen Stift zurecht.**

4. **Setz dich, werde langsamer** und lenke deine Achtsamkeit auf deinen Körper und deinen Atem.

5. **Entzünde die Kohle** in deiner Räucherschale. (Genaue Beschreibung auf Seite 156.)

6. **Definiere deine Absicht.** Warum möchtest du heute räuchern? Bitte deine Spirits um Führung und Unterstützung. Lausche in dich hinein.

7. **Ist die Kohle durchgeglüht** und hat eine durchgehende Ascheschicht, ist sie bereit. Sie riecht und raucht nun nicht mehr. Der Rauch, der beim Auflegen entsteht, stammt ausschließlich vom Räucherwerk.

8. **Lege nun vorsichtig ein bisschen Räucherwerk auf die Kohle** – so viel wie zwischen zwei Fingerspitzen passt. Weniger ist mehr.

9. **Beobachte den Rauch und lasse dich von ihm einhüllen.** Fächere ihn dir über den Kopf und deinen Körper – dreimal.

10. **Denke über diese Rauhnacht nach.** Wie verlief dieser Tag für dich? Wie fühlst du dich? Gab es bedeutsame Begegnungen und Begebenheiten? Was war außergewöhnlich und geht dir nicht mehr aus dem Kopf?

11. **Lege zwischendurch weiteres Räucherwerk auf,** wenn es für dich passt.

12. **Schau nach den Themen für diese Rauhnacht.** Vielleicht machst du eine Meditation, vielleicht schreibst du deine Gedanken zu den Fragen nieder oder vielleicht ergänzt du dir dein Rauhnächte-Grid um den Kristall des Tages und spürst in diese Schwingung hinein.

13. **Lasse das Räucherwerk von alleine ausbrennen** und spüre wie, der Rauch dich trägt.

14. **Danke den Energien und dir selbst** für deine Räucherpraxis.

15. **Löse dich** und komme zurück ins Hier & Jetzt.

16. **Lüften ist nur notwendig,** wenn zu viel Rauch im Raum ist, oder wenn es dir unangehm ist. Der Rauch ist nicht schädlich, da er ausschließlich von den verwendeten Zutaten stammt.

Das magische Ritual der 13 Wünsche

Die Rauhnächte sind die Zeit der Rituale. Es gibt viele schöne, überlieferte, alte Rituale ... und es gibt dieses Ritual der 13 Wünsche, welches in der neuen Zeit entstanden ist und Jahr für Jahr mehr Anhänger findet. Es nährt den Wunsch, selbst etwas für die eigene Zukunft zu tun und die Sehnsucht nach Unterstützung. Und es ist ein Tag für Tag sehr berührendes Ritual. Es erwartet uns eine magische Zeit, welche uns einen Einblick auf andere Ebenen in das kommende Jahr gewährt. Alte Strukturen werden aufgebrochen, damit neue entstehen können. Neue Wege wollen begangen werden. Mit diesem Ritual schreibst du schon mal deine Route für das neue Jahr.

Zwölf Wünsche werden, in Form des Verbrennens, dem Universum mit der Bitte um Erfüllung übergeben. Ein Wunsch bleibt übrig - den zu erfüllen, hat das Schicksal dir zugedacht. Die Vorbereitung dafür, das Überlegen der Wünsche für das, was du dir vom neuen Jahr erhoffst, ist eine wunderbare Beschäftigung für die Adventszeit.

→ **Überlege dir in Ruhe: Was ist DIR wichtig? Was liegt DIR am Herzen? Was würde das kommende Jahr vollkommen machen?**

Die Energie zwischen der Wintersonnenwende (21.12.) und Heiligabend ist die passende, um die wohlüberlegten Wünsche auf 13 kleine Zettel niederzuschreiben.

- **Formuliered eine Wünsche kurz und präzise.**
- **Schreibe positiv in der Gegenwartsform, als wäre der Wunsch schon erfüllt. Schreibe z. B. „Ich bin gesund" und nicht „Ich wünsche mir Gesundheit" oder „Ich möchte nicht mehr krank sein".**
- **Wünsche nur für dich - nicht für andere.**
- **Stelle dich in der Situation der Erfüllung vor - lebe diesen Moment mit jeder Zelle deines Körpers**

Gehe weise mit deinen Wünschen um. Für jeden von ihnen, könntest du selber zuständig sein 😉! **Falte die 13 Wunschzettel** jeweils so dass sie sich äußerlich nicht mehr unterscheiden. Gib diese in ein Säckchen oder in ein schönes Kästchen.

-> Dein Ritual

1. **In jeder Rauhnacht,** beginnend in der Nacht des 24. Dezember, möglichst wenn es dunkel oder zumindest dämmrig ist, gehe hinaus und ziehe einen der Zettel aus dem Säckchen bzw. Kästchen.

2. **Du übergibst ihn nun der geistigen Welt,** indem du ihn ungeöffnet (in einer feuerfesten Schale) verbrennst. Schau nicht nach, welcher Wunsch es ist ... höhere Kräfte kümmern sich in den kommenden Monaten darum.

3. **Schaue zu, wie das Papier in Rauch aufgeht.** Bleibe ganz still dabei und achte darauf, was sich in deinem Kopf und deinem Herzen bewegt. Vielleicht magst du es später hier in deinen Tagesnotizen in Worte fassen.

4. **Übergib die Asche der Erde** und danke zum Abschluss den Elementen für ihre Unterstützung.

   Du wirst sehen, die einzelnen Zettel verbrennen sehr unterschiedlich. Manche entzünden sich fast von allein und verbrennen ganz schnell. Einige andere dagegen sind richtig „störrisch" ... fallen runter, der Wind weht sie weg, das Streichholz bricht ab oder die Flamme geht immer wieder aus. Bleibe hartnäckig beim Verbrennen und sorge dafür, dass alles verglüht. Wenn so viel Widerstände da sind, verlockt es natürlich, zu schauen, was sich denn da so widersetzt 😉. Doch wir dürfen vertrauen, dass alles genauso geschieht, wie es für uns und unsere Entwicklung das Beste ist!

5. **So verfahre nun zwölf Mal.** Am 6. Januar, dem Tag der Heiligen Drei Könige, öffnest du dann den allerletzten Zettel aus deinem Kästchen. Entzünde ein Räucherwerk und richte dich auf einen ganz besonderen Moment ein. Nimm ihn feierlich hervor und entfalte das Papier. Und dann lese den Wunsch, um den du dich im gerade anbrechenden Jahr selbst kümmern darfst.

Tipp

Du kannst die Wünsche auch auf Lorbeerblätter schreiben und diese in Papier einpacken, um sie so zu verbrennen. Lorbeer ist eine magische Pflanze, mit der man die innersten Kräfte und Rituale unterstützt.

Was tun wenn...

... du an einem Tag vergessen hast, einen Zettel zu verbrennen?
Verbrenne am nächsten Tag zwei Zettel.

... du versehentlich zwei Zettel verbrannt hast?
Mache am nächsten Tag eine Pause.

... du am 4./5. Januar noch zwei Zettel übrig hast?
Dann sind das die zwei Wünsche, um die du dich selbst kümmerst.

... du am 3./4. Januar nur noch einen Wunschzettel (statt zwei) hast.
Dann ist dies der Wunsch, um den du dich selbst kümmerst.

„In dem Augenblick,
in dem man sich einer Aufgabe verschreibt,
bewegt sich die Vorsehung auch.

Alle möglichen Dinge, die sonst nie geschehen wären,
geschehen, um einem zu helfen."

JOHANN WOLFGANG VON GOETHE

Das Julfest

21. ODER 22. DEZEMBER

Die Wintersonnenwende ist die dunkelste Nacht des Jahres. Es ist der Tag, an dem das Licht wiedergeboren wird.

Mit der Wintersonnenwende treten wir in den magischen Kreis der Rauhnächte In manchen Kulturen und Überlieferungen ist diese die erste Rauhnacht. In anderen, auch hier bei uns geläufigeren, beginnt die erste Rauhnacht am Heiligen Abend. Unser Weihnachtsfest mit vielen Kerzen und immergrünen Gehölzen ist das „christianisierte" Julfest.

Ursprünglich wurde an diesem Tag die Geburt der wiederkehrenden Sonne gefeiert. Ihr zu Ehren verräucherte man weihende Harze und Kräuter mit der Sonnensignatur. Dies sind z. B. Alantwurzel, Johanniskraut, Nelke und Rosenblätter.

Auch wurde der Jahreszeitenkranz(später der Adventskranz)mit je einer Kerze pro Jahreszeit und dem Symbol des nie endenden Jahreszyklus gewunden. Die Menschen gingen davon aus, dass sich die Vegetations-gottheit im Winter in die immergrünen Zweige der Tanne und Fichte zurückzog. Diese holte man sich nun zusammen mit den Gehölzen ins Haus und erweckte sie mit dem Feuer der Kerzen zum Leben.

→ Symbolik dieses Tages

Das Samenkorn erwacht und fängt an zu keimen.
Es sehnt sich nach dem Licht.

-> Ritual

Geh in die Natur und verbinde dich mit der Erde. Stell dich aufrecht hin und spür über deine Fußsohlen, wie du mit der Erde verbunden bist. Deine Füße sind deine Wurzeln und wachsen tiefer und tiefer in die Erde. Noch tiefer ... bis zum roten See der puren Lebensenergie. Deine Wurzeln versinken tief darin und saugen sie auf – diese Kraft und transportieren sie hinauf. Hinauf bis in deinen Körper, bis in jede einzelne Zelle. Warte, bis dein ganzer Körper reich genährt ist. Bedanke dich bei Mutter Erde und zieh deine Wurzeln langsam wieder zurück. Atme tief ein und komm zurück ins Hier & Jetzt.

-> To-dos des Tages

- **Schaue dir dein Rauhnacht-Buch an, entdecke die verschiedenen Themen.**
- **Notiere dir erste Gedanken zu den Begebenheiten und Fragen dieses Tages hier im Buch.**
- **Vielleicht möchtest du das Magische Ritual der 13 Wünsche für das neue Jahr zelebrieren?** Notiere deine Wünsche auf kleine Zettel. Wie erging es dir dabei? (Seite 31)

RÄUCHERWERK ZUR WINTERSONNENWENDE

Alantwurzel, Beifuß, Johanniskraut, Mistel, Myrrhe, Nelken, Rosenblätter, Weihrauch, Zimt

→ Persönliche Fragen

WAS WILL VON MIR GEBOREN WERDEN?
WAS WILL ANS LICHT?
WELCHES TALENT WILL VON MIR ENTDECKT WERDEN?

22. Dezember

In zwei Tagen ist Heiligabend und dann beginnt die Rauhnachtzeit. Die Tage vor Weihnachten sind oft voll mit Besorgungen für das Weihnachtsfest. Nimm dir dennoch ein paar Minuten Zeit für dich. Stimme dich auf die kommende Rauhnachtszeit ein.

-> To-dos

Notiere in deinem Rauhnacht-Buch, was du alles im alten Jahr noch beenden und loslassen willst. Mache dir To-do-Vermerke für wann, wie und wo.

Loslassen in „echt" ist immer kraftvoller als im Geiste, manchmal ist es aber einfach nicht möglich, bestimmten Menschen persönlich zu begegnen, so kann man auch in einer Meditation Vorgänge besprechen und auflösen, ohne den betreffenden Personen gegenüber zu stehen.

-> Ritual

Schmücke heute deinen Weihnachtsbaum mit guten Wünschen für das neue Jahr. Was wünschst du dir persönlich? Was deiner Familie? Was dem Land, auf dem du lebst? Was deinen Mitmenschen? Notiere all die Wünsche und vielleicht magst du sie als Sterne gefaltet an deinen Weihnachtsbaum hängen.

→ Persönliche Gedanken

23. Dezember

Morgen ist Heiligabend und dann beginnen die Rauhnächte.

Ist deine Wohnung bereit? Ist alles aufgeräumt und sauber? Vielleicht magst du noch mal symbolisch mit einem Besen alle Zimmer in der Wohnung auskehren. Kehre dabei alles „Dunkle" und alle negativen Energien, vor allem aus dem Ecken, heraus. Öffne dabei die Fenster weit. Zelebriere dieses Reinigen als ein Ritual, es geht hierbei nicht um perfekte Sauberkeit. Beziehe auch deine Betten frisch und nähe fehlende Knöpfe an.

Du möchtest in den Rauhnächten das Magische Ritual der 13 Wünsche (Seite 31) für dich nutzen? Hast du deine Wunschzettel schon fertig geschrieben?

→ Ritual

In der Zeit der Rauhnächte bekommen wir einen intensiven Kontakt zu den Naturwesen. Suche dir einen besonderen Baum in deiner Umgebung und ehre die Natur und ihre Wesen. Mache heute der Natur ein Geschenk. Lege Geschenke wie Obst, Körner, Milch, Brot, Tabak, Räucherwerk oder eine Blüte als Opfergabe mit guten Wünschen an die Baumwurzel und bitte um Unterstützung deiner Wahrnehmung, Rituale und Vorhaben in den nächsten Tagen.

Auch deine Ahnen haben in den Rauhnächten eine intensive Verbindung zu dir. Lass heute ein Nachtlicht für sie brennen.

→ Persönliche Gedanken

1) Rauhnacht

24. / 25. DEZEMBER (steht für Januar)

Am Weihnachtsabend beginnt die erste Rauhnacht. Während die Kinder noch aufgeregt auf ihre Geschenke warten und die Familie sich zusammenfindet, kann man sie schon spüren – die Ruhe der Heiligen Nacht. Die erste Rauhnacht, der späte Heiligabend und der 1. Weihnachtsfeiertag laden dich dazu ein, das Jahr Revue passieren zu lassen.

Jetzt können wir Altes abschließen, es bewusst loslassen und Frieden finden. Frieden ist vielschichtig und beginnt in uns selbst. Es ist der Friede mit unserem (physischen) Körper, mit unserem Geist, mit unserer Familie und unserem sozialen Umfeld. Es ist die Zeit, dich mit deinen Wurzeln zu verbinden und Kontakt mit deinen Ahnen aufzunehmen. Ein jeder von uns ist ein Produkt seiner Ahnen und ihres Bewusstseins. Indem du dich mit ihnen vereinst, kannst du aus ihrer unendlichen Kraft und Weisheit schöpfen.

„Scheint am 25. Dezember die Sonne, bringt sie fürs neue Jahr Glück und Wonne."

BAUERNREGEL

Es ist heute der bewusste Einstieg in die Rauhnächte.

Es ist so weit: Zieh dich zurück und öffne das Tor der Rauhnächte für dich. Mach dir bewusst, warum es dir persönlich wichtig ist, diese Zeit deiner Seele und dem, was sich in dein Bewusstsein schwingen möchte, zu widmen. Beginne die Rauhnächte mit einem Räucherritual (Seite 27) mit reinem Weihrauch. Wenn du magst, nimm noch **Wacholderbeeren**, **Rosenblätter**, **Palo Santo** und **Iriswurzel** dazu. Während du das Räucherwerk Stück für Stück auf die glühende Kohle legst, verdeutliche dir, welche besonderen Begegnungen und Erfahrungen dein Jahr geprägt haben.

> Erinnerungen an das vergangene Jahr

→ Fragen an dich

- Welche Veränderungen haben in diesem Jahr dein Leben beeinflusst und in eine neue Richtung gelenkt?
- Was war besonders für dich in diesem Jahr?
- Welche Bereiche deines Lebens geben dir Sicherheit, bei welchen Themen fühlst du dich „angekommen"?
- Welche deiner familiären Wurzeln spenden dir Kraft und wo braucht es Versöhnung?
- In welchen Lebensbereichen sehnst du dich nach mehr Klarheit?
- Wobei hältst du an überholten Mustern und Angewohnheiten fest?
- Gibt es Beziehungen, die dir mehr Energie rauben als schenken?
- Was möchte Heilung erfahren?
- Formuliere, wofür du dankbar bist in deinem Leben.

AFFIRMATION

Ich bin behütet und beschützt. Meine Ahnen geben mir die Kraft, all meine Aufgaben auf Erden gut zu vollbringen.

WETTER

ALLGEMEINE STIMMUNG

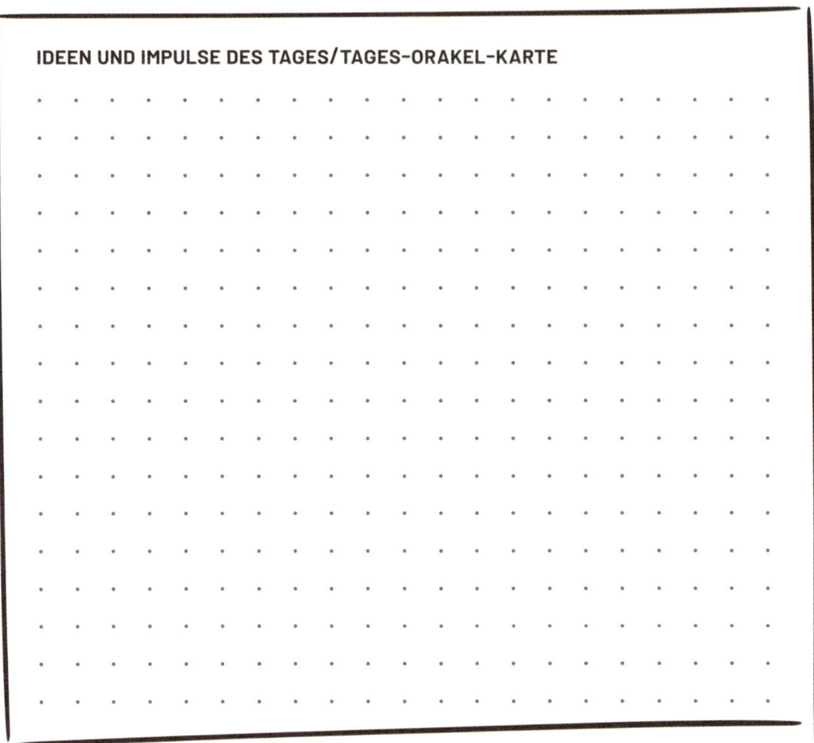

Mögliches Ritual zu Heiligabend

Stelle dir bildlich vor, wie deine Ahnen in einer Reihe hinter deinem Rücken stehen und die Kraft eines jeden an dich übergeben wird.

Nimm die Kraft an, speichere das Gefühl der Unterstützung in dir ab und reiche sie weiter an deine Kinder und Enkel. Visualisiere, wie du die von deinen Vorfahren übernommenen Glaubenssätze und Verhaltensmuster in einen Karton packst, dich umdrehst und ihnen dieses Paket überreichst. Du bist dankbar für die Erfahrungen daraus und gibst sie ihnen nun zur endgültigen Klärung zurück. Du brauchst sie nicht mehr.

Danke deinen Ahnen für alles, womit sie dich ausgestattet haben.

GEDANKEN ZUM TAG

> Still werden
> Inneren Frieden erfahren
> Du kommst in dir an

To-dos für heute 

Kennst du deinen Familienstammbaum? Was weißt du über deine Vorfahren? Sprich mit deiner Familie über deine Ahnen und ihre besonderen Fähigkeiten.

> Du bist mit deinen Ahnen verbunden

EDELSTEIN
Farbiger Turmalin
Die Offenbarung des Lichts
Schlägt die Brücke zwischen Vergangenheit und Zukunft und schenkt den klaren Blick auf die eigene Rolle darin.

Kurz-Ritual

Lass heute für die Menschen, die du liebst, durchgehend eine Kerze brennen. Schau in die Kerze, komm zur Ruhe und spüre, wie die Energie des Kerzenscheins bis tief in dein Herz dringt. Fühle die Verbindung mit all den Menschen, die dir am Herzen liegen, und danke ihnen für ihr Sein. Lasse die Kerze die ganze Nacht und den ganzen Tag für all diese Menschen (feuerfest) brennen.

ÄTHERISCHES ÖL
Wacholder*
Der Ahnenhüter
Stärkt die Aura, erdet, klärt und bringt innerliche und äußerliche Ordnung. Erleichtert den Kontakt zur Anderswelt.
(Vorsicht während der Schwangerschaft)*

→ Zwei Fragen, die du dir vielleicht noch nie gestellt hast …

ERINNERST DU DICH AN ETWAS, WAS DU ALS KIND
MIT BEGEISTERUNG GEMACHT HAST?
WAS WAR ES UND WANN HAST DU ES DAS LETZTE MAL GETAN?

MEINE TRÄUME UND BEGEGNUNGEN

MEIN FAZIT DES TAGES

RÄUCHERWERK DES TAGES

Reiner Weihrauch

(am besten ein weicher balsamischer, z.B. aus dem Oman) Hilft zu vergeben, klärt und reinigt, befreit die Atmosphäre von dunklen Energien, gibt Sicherheit und wirkt segnend.

Wacholderbeeren

Stellt Kontakt zur eigenen Ahnenlinie her, unterstützt Vergebung, zeigt Lösungsansätze auf und lässt Chancen erkennen, weckt die Intuition, gibt Sicherheit, stärkt das Selbstvertrauen.

Rosenblätter

Wirken auf allen Ebenen des Bewusstseins, schenken Geborgenheit, Harmonie und (Selbst-)Liebe, lassen Frieden schließen und wirken herzöffnend, unterstützen die Vergebung.

Palo Santo

Der Baum der Ahnen. Unterstützt die Kontaktaufnahme zu den Ahnen, Reinigungsrituale und Dankesräucherungen, wirkt entspannend in hektischen Zeiten und hilft das Gedankenkarussell zum Stillstand zu bringen.

Iriswurzel

Wirkt vitalisierend und inspirierend, schenkt lichtvolle Erinnerungsfäden.

oder die ...

Rauhnächtemischung

Raum für Gedanken

SICH FÜHREN LASSEN
VERBUNDEN SEIN
SICH VERTRAUEN

2) Rauhnacht

25. / 26. DEZEMBER (steht für Februar)

In der Zeit der Rauhnächte können wir unsere Aufmerksamkeit verstärkt nach innen lenken, die äußeren Aktivitäten einschränken und einfach still werden. Wir haben immer wieder die Gelegenheit, tief in unser eigenes Inneres einzutauchen. Mit Beginn der Dämmerung am 25. Dezember gehen wir in die 2. Rauhnacht und damit in die Stille. Diese ist eine innere Stille, die nicht auf die Abwesenheit von Geräuschen angewiesen ist.

> „Wer Schmetterlinge lachen hört, der weiß, wie Wolken schmecken"
>
> **NOVALIS**

Durch die Ausrichtung auf das, was jenseits allen Lärms liegt, kann das „andere" im Vordergrund erscheinen und die Magie der Rauhnächte wird mit einem Mal greif- und begreifbar. Dieses Eintauchen und Führenlassen stellt dein Vertrauen auf die Probe ... dein Vertrauen in dich und den Fluss des Lebens. Zeigen sich Ängste und Zweifel? Formuliere sie und schreibe sie in dein Rauhnacht-Tagebuch.

DAS WAR HEUTE BESONDERS

→ Fragen für heute

In den Rauhnächten ist das Tor zur geistigen Welt weit geöffnet. Das, was jenseits des Sichtbaren und Alltäglichen liegt, können wir sehen, wenn wir uns bereitwillig dafür öffnen.

Beobachte heute aufmerksam, was dir alles passiert und begegnet. Schaue dahinter und entdecke die Botschaft(en). Ob Begegnungen mit bestimmten Menschen, eine Sternschnuppe, eine Nachricht, eine Wettererscheinung, besondere Gefühle – heute begegnet dir nichts aus Zufall! Egal wie skurril oder auch ganz normal … sei wertfrei, vertraue deiner Intuition und habe einen offenen Blick für die Vorzeichen. Achte heute ganz besonders auf dein Bauchgefühl.

- **Was fühlt sich gut an und was nicht?**
- **Welcher deiner Sinne fällt dir heute besonders auf?**
- **Welche Signale bekommst du?**
- **Vertraust du deiner inneren Führung?**

Notiere während deines Räucherrituals all das, was dir durch den Kopf geht hier in deinem Rauhnacht-Buch. Oft fügt sich die Erklärung der verschiedenen Wahrnehmungen erst später zusammen.

> In die Stille lauschen …

AFFIRMATION

Ich höre auf meine innere Stimme und vertraue, dass sie mich führt. Es ist alles richtig, genau so, wie es ist.

> Der inneren Weisheit vertrauen.

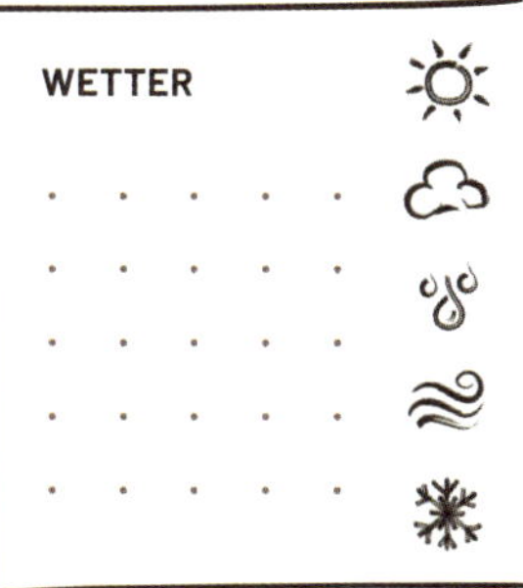

ALLGEMEINE STIMMUNG

IDEEN UND IMPULSE DES TAGES/TAGES-ORAKEL-KARTE

Kurz-Ritual

Denke an das Auge im Zentrum eines Wirbelsturms. Egal, was um dich herum geschieht, es gibt immer einen heiligen Ort tiefer Ruhe in deinem Inneren. Dieser ist jederzeit für dich zugänglich – auch und gerade in Momenten der Hektik.

Nimm ein Glas Wasser nacheinander in beide Hände und halte es dabei so ruhig, bis sich das Wasser im Glas nicht mehr bewegt. Trinke dann das Wasser in langsamen Zügen und stelle dir dabei vor, wie es dich innerlich reinigt, die Unruhe mitnimmt und deinen Körper mit Stille und Frieden erfüllt.

Notiere in deinem Rauhnacht-Buch deine Gedanken und Wahrnehmungen während dieser Übung.

GEDANKEN ZUM TAG

> Der inneren Führung vertrauen.
> Du bist intuitiv.

EDELSTEIN

Mondstein

Die steingewordene Intuition

Steigert die Wahrnehmung und das Einfühlungsvermögen, führt und unterstützt dich in der Meditation.

ÄTHERISCHES ÖL

Lavendel

Für Ruhe und innere Kommunikation

Entspannt und gilt als klärend für den Geist. Lavendel stärkt die Intuition und hilft Chaos und Verwirrung loszulassen.

→ Zwei Fragen, die du dir vielleicht noch nie gestellt hast …

WANN HAST DU ZULETZT FRIEDEN TIEF IN DIR GEFÜHLT?
ICH BIN TOTAL GLÜCKLICH, WENN …

- Du bist verbunden.
- Glaube an dich selbst.
- Fühle das Licht in dir.

MEINE TRÄUME UND BEGEGNUNGEN

MEIN FAZIT DES TAGES

RÄUCHERWERK DES TAGES

Eisenkraut

Macht Mut und stärkt das Selbstvertrauen. Es unterstützt die Kontaktaufnahme zu den Spirits der feinstofflichen Welt und wird auch "Visionskraut" genannt.

Lorbeer

Bringt Klarheit im Denken. Visionen, Handlungsimpulse, Tatkraft und Konsequenz werden gestärkt. Er wirkt unterstützend in persönlichen Entwicklungsprozessen.

Wachholderholz

Stellt Kontakt zur eigenen Ahnenlinie her, unterstützt Vergebung, zeigt Lösungsansätze auf und lässt Chancen erkennen. Es weckt die Intuition, gibt Sicherheit und stärkt das Selbstvertrauen.

Sandarak

Sehr beruhigend und entspannend, aber auch klärend, reinigend und kräftigend, kann "dicke Luft" neutralisieren und schärft die Sinne.

oder die ...

Rauhnächtemischung

Raum für Gedanken

Rauhnacht

26. / 27. DEZEMBER

Die Feiertage sind oft vollgestopft mit Begegnungen, Besuchen und familiären „Verpflichtungen". Die jetzt kommenden Tage sind meist viel gelassener. Und für manche auch endlich Zeit, sich um sich selbst zu kümmern ... und sich zu öffnen. Mit der einsetzenden Abenddämmerung beginnt heute die dritte Rauhnacht – eine weitere Chance die Wunder in deinem Leben zu erkennen und dich darauf einzulassen. Wunder, die dir das Leben schickt. Dinge zu erkennen, bringt Dankbarkeit und auch Demut.

DAS WAR HEUTE BESONDERS

AFFIRMATION
Ich sehe die Wunder, die das Leben für mich bereithält und bin offen dafür.

→ Fragen für heute

An diesem Tag kannst du wunderbar deine (heimlichen) Wünsche herausfinden und Vorstellungen für das neue Jahr formulieren. Höre tief in dein Herz:

- **Wie fühlt sich dein Herz an?**
- **Kannst du spüren, wie es schlägt?**
- **Was wünscht sich dein Herz?**
- **Was bringt es zum Leuchten?**
- **Was erfüllt dich mit tiefer Freude?**
- **Was machst du am liebsten?**
- **Wobei kannst du alles um dich herum vergessen?**
- **Was wünschst du dir?**

Zünde für jeden deiner Wünsche ein (Tee-)Licht an. Bringe die Wünsche zusammen. Schreibe, male oder erstelle eine Mind-Map. Versinke in der eigenen kleinen Welt deiner Wünsche und genieße das Sein.

ALLGEMEINE STIMMUNG

→ Aufgabe

Von jetzt bis du heute Abend zu Bett gehst: Konzentriere dich auf das Gute eines jeden Moments. Denke darüber nach, wofür du in jeder Situation dankbar bist. Lass die Menschen um dich herum wissen, was du an ihnen und an dem was sie tun, schätzt. Sei dabei ehrlich und aufrichtig.

IDEEN UND IMPULSE DES TAGES/TAGES-ORAKEL-KARTE

-> Fragen an mich

- Wer oder was hält mich davon ab, meinen Wünschen und Träumen, meinem inneren Ruf zu folgen?
- Welche Menschen sind mir in meinem Leben wichtig?
- Wer hat mir in letzter Zeit in schwierigen Situationen geholfen?
- Wofür bin ich dankbar in meinem Leben?

GEDANKEN ZUM TAG

Kurz-Ritual

Wem bist du dankbar? Welche Person kommt dir dazu als allererstes in den Sinn? Schreibe ihr JETZT und SOFORT eine kurze Nachricht und DANKE ihr. Wenn diese Person nicht erreichbar ist, weil sie vielleicht schon nicht mehr lebt ... schreibe deine Worte an sie hier in dein Rauhnächtebuch.

EDELSTEIN

Rosenquarz

Der Stein der Herzen erweicht.
Er steigert die Herzenskraft, fördert die Aufgeschlossenheit, verleiht die Kraft, sich für Großes zu öffnen, und lässt wahre Liebe erfahren.

ÄTHERISCHES ÖL

Jasmin

Die „Königin der Blumen" mit ihrer erhebenden Wirkung.
Jasmin kann tiefe seelische Blockaden lösen, stärkt das Selbstbewusstsein, sprengt selbst gesetzte Grenzen und lässt neue Räume erschließen. Er verhilft zu gesteigerter spiritueller Wahrnehmung.

Achtung: Jasmin ist ein sehr intensives ätherisches Öl. Es wird üblicherweise in 4%er Verdünnung angeboten. Selbst davon reichen 1-2 Tropfen.

→ Zwei Fragen, auf die du vielleicht glaubtest, eine Antwort zu haben.

WOMIT KANNST DU DIR SELBST EINEN HERZENSWUNSCH ERFÜLLEN?
WER HAT DICH WOMIT ZULETZT ZUM LACHEN GEBRACHT?

- Öffne dein Herz.
- Erkenne deine Weggefährten.
- Lasse Wunder in dein Leben.

DAS WAR HEUTE BESONDERS

MEIN FAZIT DES TAGES

RÄUCHERWERK DES TAGES

Jasminblüten oder Jasminweihrauch

Löst Ängste und Blockaden auf sanfte Weise, schenkt das Gefühl von Geborgenheit und bewirkt Hingabe und Herzöffnung.

Tonkabohnen

Harmonisiert unser Sein und macht uns bereit, unser Herz vertrauensvoll zu öffnen.

Styrax

Aktiviert die Herzenskraft und ermöglicht es, sich ganz und gar einzulassen. Er befreit von Alltagssorgen und lässt dich einfach entspannen.

oder die ...

Rauhnächtemischung

Raum für Gedanken

4) Rauhnacht

27. / 28. DEZEMBER (steht für April)

Der 28. Dezember wird auch „**Tag der unschuldigen Kinder**“ genannt. Dies wird zurückgeführt auf König Herodes, der den Mord an allen Kleinkindern im Land veranlasste, weil er im neugeborenen Sohn Gottes einen Rivalen sah und diesen vernichten wollte. Viele unschuldige Kinder mussten in diesen Tagen ihr Leben lassen. Symbolisch steht dieser Tag für das Alte, das versucht das Kommende zu vernichten. So ist es an diesem Tag Brauch, ungünstige Geschehen der letzten Tage zu korrigieren und damit für das neue Jahr die Weichen in Richtung Glück zu stellen.

Vergangenes kann heute nicht nur korrigiert, sondern auch bereinigt werden. Es ist der Tag des physischen und psychischen Entrümpelns und der energetischen Wohnungsreinigung. Da dies sehr zeit- und kräftezehrend sein kann, solltest du früh damit beginnen und dir heute nicht so viel Zusätzliches vornehmen.

Falls du die energetische Reinigung danach zeitlich einfach nicht mehr schaffst, hast du in den nächsten zwei Tagen noch mal eine gute Gelegenheit dafür.

”

Sitzen die unschuldigen Kindlein in der Kälte,
vergeht der Frost nicht in Bälde.

BAUERNREGEL

“

AFFIRMATION
Ich fühle mich sicher und zentriert, egal wo ich mich aufhalte.

> Was möchte ich im alten Jahr zurücklassen?

→ To-dos

Heute ist der perfekte Tag zum Bereinigen deines Umfeldes. Räume gründlich auf und putze deine Wohnung.

Entsorge leere **Flaschen** und den **Müll** der Feiertage, all die **Schuhe**, die du das ganze Jahr nicht getragen hast, genauso wie die **Zeitschriften**, die du irgendwann noch mal lesen wolltest. Trenne dich von allem, was **kaputt und zerbrochen** ist. **Schubladen**, von denen du nicht sofort weißt, was drin ist, werden ungesehen ausgekippt und entsorgt. Dinge, an denen dein Blick immer wieder hängen bleibt und **Ärger und Groll** in dir aufsteigen lassen, dürfen heute „aus Versehen" fallen gelassen und entsorgt werden. **Kehre deine Wohnung von all dem Ballast des vergangenen Jahres frei!**

Beginne früh und sorge dafür, dass du ein wirklich sauberes Heim hast. Danach bereite dich für das Räucherritual zum energetischen Reinigen deiner Wohnung vor. Die Beschreibung dazu findest du auf Seite 165. Die energetische Reinigung, auch Space Clearing genannt, sollte bei Tageslicht erfolgen und vor der Dämmerung abgeschlossen sein.

Tipp: *Für deine Zukunfts-Collage im neuen Jahr benötigst du Magazine und Zeitschriften. Hebe dir dafür eine paar geeignete auf!*

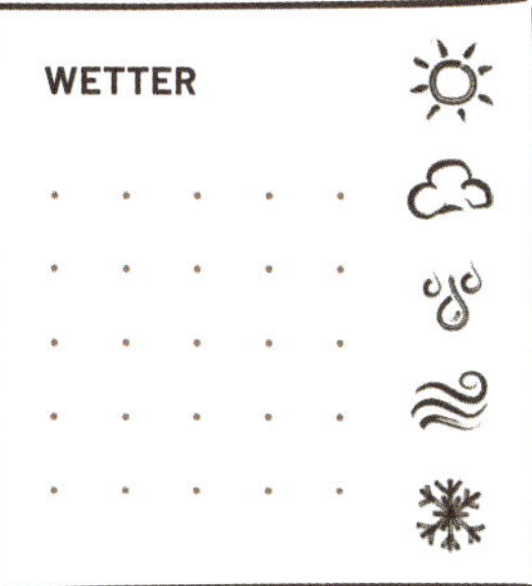

ALLGEMEINE STIMMUNG

→ Fragen an mich

- Wo brauche ich einen Richtungswechsel?
- Was und wen nehme ich als Belastung wahr?
- Welchen Ballast aus meiner Wohnung habe ich heute entsorgt?
- Welchen seelischen Ballast werfe ich heute von Bord?

> Altes loslassen
> Abschließen und Auflösen
> Gewohnheiten ablegen
> Tag der Umkehr
> Richtungswechsel
> Ich öffne mich

-> Korrektur-Meditation

Wie oben erwähnt, ist diese 4. Rauhnacht ein Tag der Umkehr. Korrekturen dessen, was in den letzten Tagen nicht optimal lief, sind möglich und können dich wieder „auf die Spur“ bringen.

Lass die letzten Tage und Nächte an dir vorbeiziehen. Was hat sich nicht so gut angefühlt? Wo hast du dich „falsch“ verhalten? Was wolltest du tun und hast es dennoch nicht gemacht?

Notiere all die belastenden Dinge.

Danach notierst du, wie sie hätten idealerweise laufen sollen. Male es dir in Gedanken detailreich aus. Fühle dich in die neuen Situationen hinein, so als hättest du sie genauso erlebt. Schreibe dir quasi dein eigenes Drehbuch. Notiere dir kurz deine neue Version.

Nun verbrennst du den Zettel mit den negativen Notizen.

Abschließend hältst du deine Notizen vom neuen Ablauf in den Händen. Fühle, wie dich die Freude über das durchströmt, was sich alles gewandelt hat. Lasse dein goldenes inneres Licht hineinströmen und bedanke dich bei dir für die Möglichkeit der Kursänderung.

IDEEN UND IMPULSE DES TAGES/TAGES-ORAKEL-KARTE

Kurz-Ritual

Was möchtest du im alten Jahr zurücklassen?

1. **Notiere dazu auf drei Zetteln jeweils bis zu drei Punkte, von denen du dich verabschieden willst.** Ob schlechte Angewohnheiten, Charakterzüge, schwierige Beziehungen, alte Angelegenheiten oder Wut & Groll. Bringe es auf den Punkt.

2. **Zünde die Zettel in einer Feuerschale an und entlasse das Alte aus deinem Leben.** Damit schließt du Frieden mit der Vergangenheit. Lege die alten Geschichten bei und nimm deine Lehren daraus mit.

3. **Du bist nun bereit, dich für das Neue zu öffnen.** Denn nur, wer loslässt, hat die Hände frei, Neues in Empfang zu nehmen.

GEDANKEN ZUM TAG

> Was ich in das neue Jahr mitnehme

EDELSTEIN

Bergkristall

Der Klärer und Vitalisierer

Er ist ein Lichtbringer und wirkt befreiend, unterstützt bewusstes Agieren und fördert die Entscheidungsfreude. Ein Stein der klaren Vernunft.

ÄTHERISCHES ÖL

Rosmarin

Das Öl der Übergänge

Es stärkt in Übergangsphasen, öffnet den Geist und unterstützt dabei, limitierende Gedankenmuster loszulassen.

→ Zwei Fragen, die du dir vielleicht noch nie gestellt hast …

VON WAS MÖCHTEST DU, DASS ES EWIG EXISTIERT? WAS IST DER ÄLTESTE GEGENSTAND IN DEINER WOHNUNG? WARUM IST ER DIR WICHTIG?

DAS WAR HEUTE BESONDERS

MEIN FAZIT DES TAGES

RÄUCHERWERK DES TAGES

Beifuß

Bringt erstarrte Energien ins Fließen, hilft, Altes loszulassen und Spannungen abzubauen.

Bernstein

Befreit das Herz und hilft beim Loslassen negativer Emotionen. Er vermittelt Licht, Sonne, Freude und Helligkeit, außerdem stärkt er das Urvertrauen in uns.

Rosenblätter

Wirken auf allen Ebenen des Bewusstseins. Sie schenken Geborgenheit, Harmonie und (Selbst-)Liebe, lassen Frieden schließen, wirken herzöffnend und unterstützen die Vergebung.

Galgant

Bringt geistige Klärung und hilft das rotierende Gedankenrad zu durchbrechen, stärkt die Sicht auf das Wesentliche.

Weißer Salbei

Ist DAS Kraut der Bereinigung überhaupt. Es vertreibt die negativen Energien und niederen Astralwesen, klärt das Bewusstsein und löst mögliche Anhaftungen. Beim Räuchern legt es einen schützenden Ring auf deinen Räucherort.

oder die …

Rauhnächtemischung

Raum für Gedanken

KOMFORTZONE VERLASSEN
SELBSTVERPFLICHTUNG
SELBST ANNEHMEN

5) Rauhnacht

28. / 29. DEZEMBER (steht für Mai)

Mit Beginn der Abenddämmerung erwartet uns die fünfte Rauhnacht – der fünfte Mondmonat. Wir stehen kurz vor der Mitte des Jahres und bereinigen nun unser Fundament, das schon so viele Jahre mit uns erlebt hat und auf dem wir das neue Jahr aufbauen werden.

Nachdem du gestern jede Menge physischen Ballast hinter dir gelassen hast, geht es heute in den Bereich der zwischenmenschlichen Emotionen und Gefühle.

> „Nicht im Kopf, sondern im Herzen liegt der Anfang."
>
> **MAXIM GORKI**

Die 5. Rauhnacht fordert dich auf, deine Komfortzone zu verlassen und über deine Schatten zu springen.

Durch die intensive Auseinandersetzung mit der Vergangenheit und der eigenen Vergänglichkeit werden Gefühle auf verschiedenen Ebenen angesprochen. Emotionen und Stimmungen verschaffen sich Raum, um gesehen zu werden. Nicht ganz einfach ... doch eine große Chance auf große Freiheit.

Gefühle kommen und gehen. Die Herausforderung dieses Tages besteht darin, die angenehmen und auch unangenehmen Emotionen als das zu sehen, was sie sind. Sie verraten dir viel über dich selber.

Betrachte an diesem Tag auch deine Beziehungen – die romantischen, die freundschaftlichen, die nachbarschaftlichen, die geschäftlichen ... die vergangenen und die aktuellen. Sei dankbar, vergib, lass los.

AFFIRMATION
Ich habe die Freiheit, in jedem Moment meines Lebens Freude und Glück zu erfahren, egal was mir widerfährt.

→ Wenn ich noch 1 Jahr zu leben hätte …

Bist du bereit, dich mit der Vergänglichkeit des Lebens zu beschäftigen? Mit DEINER Vergänglichkeit?

Der Tod findet jeden Tag im Leben statt – sichtbar und unsichtbar. Das Auseinandersetzen damit kann dir dabei helfen, dein Leben neu zu ordnen und dich auf das zu fokussieren, was du erreichen möchtest.

Notiere dir dazu deine Gedanken. Vielleicht ist es auch das erste Mal, dass du dich mit diesen Fragen beschäftigst … Vielleicht ängstigen sie dich. Nähere dich diesem Thema soweit du damit umgehen kannst. Beim nächsten Mal wird es ein bisschen mehr sein und irgendwann bist du dabei frei.

Wenn ich noch 1 Jahr / 1 Monat / 1 Tag zu leben hätte, wie würde ich die Zeit verbringen?

Was soll am Ende meines Lebens über mich gesagt werden? Was soll in meinem Nachruf stehen?

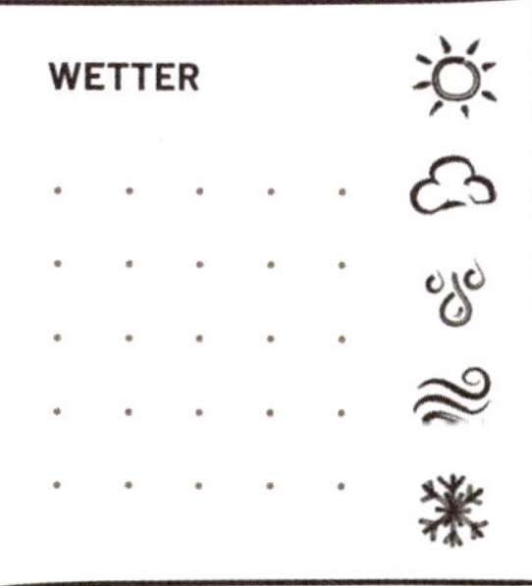

ALLGEMEINE STIMMUNG

MEINE TRÄUME UND BEGEGNUNGEN

Kurz-Ritual

Denke über folgende Fragen nach und beantworte sie dir im Laufe des Tages selbst:

- **Wer hat mich im vergangenen Jahr enttäuscht und womit?**
- **Wem habe ich noch nicht vergeben?**

> Komfortzone verlassen
> Selbstverpflichtung
> Selbstannahme

→ Transformations-Meditation

Geh in die Meditation und verbinde dich mit deinen Spirits. Bitte darum, dass nun alles an die Oberfläche kommt, um gesehen zu werden: Ängste, Wut, Trauer, Liebe, Hass, Albernheit – alles. Schau es dir genau an. Schau einzeln und nacheinander, wo die Emotionen in deinem Körper sitzen und aus welcher Begebenheit sie kommen. Geh in jede einzelne Szene hinein. Vergib denen, die sie dir gebracht haben ... und vergib dir selber.

Dann lass sie ziehen. Oder wenn sie nicht von selbst gehen wollen, wirf die Szene in die transformierende lila Flamme, die du jederzeit erzeugen kannst. Bleibe bei deiner Betrachtung wertfrei, geh nicht wieder ins Drama. Für jede Erfahrung gibt es Gründe, auch wenn du sie nicht kennst.

Dann schau dir den nächsten Ort in deinem Körper an. Geh immer weiter, bis alle Feuer, Eisblöcke, Orkane, alle Wunden und Schmerzen angeschaut und in der lila Flamme transformiert sind. Auch, wenn du das Gefühl hast, nicht alle gesehen zu haben oder meinst, sie nicht vollständig ausgelöst zu haben, vertraue dir und deinen Spirits, dass alles gut ist, genauso, wie es jetzt ist.

Trinke danach viel Wasser.

→ Dank an deine Wegbegleiter

Heute ist der Namenstag von Thomas. Thomas bedeutet „Zwilling" – es geht um unseren Seelenzwilling. Bist du dein eigener bester Freund? Echte Nächstenliebe setzt die Selbstliebe voraus. Heute geht es dabei auch um Vergebung und Dankbarkeit.

Schau auf das Jahr zurück und erkenne deine Leistungen. Sei stolz auf dich und sage „JA" zu dir selber.

Dann betrachte die Freundschaften, die du in diesem Jahr und in deinem Leben aufgebaut hast. Alle Freundschaften: die aktuellen, die ruhenden und auch die im Streit verlassenen.

Was benötigen diese Freundschaften, damit sie Lösung, Heilung und Frieden finden können? Vergib deinen Mitmenschen die vermeintlichen Fehler. Vergib dir für dein Verhalten. Sende Licht und Liebe in diese Beziehungen.

Versuche dich und deine Freunde in einem hellen strahlenden Licht zu sehen. Halte dieses Bild und bereinige den Weg für tiefe neue Erfahrungen der Liebe und Freundschaft im neuen Jahr.

Lass im Anschluss danach deine Freunde wissen, dass du sie schätzt und achtest. Dies kann durch eine Nachricht, einen Brief, einen Anruf oder eine kleine Geste erfolgen.

Du möchtest tiefer in die Vergebung gehen? Morgen findest du noch ein spezielles Vergebungsritual.

> Tag der Freundschaft

IDEEN UND IMPULSE DES TAGES/TAGES-ORAKEL-KARTE

GEDANKEN ZUM TAG

EDELSTEIN

Hämatit

Lässt es dich durchziehen

Der Hämatit baut um uns herum ein Schutzfeld auf, welches uns erlaubt, mutiger, unbeschwerter und zielorientierter zu sein. Er stärkt die Energie und Vitalität, unterstützt die Spontanität, Selbständigkeit und Entschlossenheit.

ÄTHERISCHES ÖL

Zypresse

Gibt Rückgrat

Lenkt den Blick auf das Wesentliche und gibt Mut und Durchsetzungskraft, neue Wege zu gehen. Sie wirkt stimulierend in kreativen Prozessen.

-> Hast du darüber schon mal nachgedacht?

BIST DU ES WERT, GELIEBT ZU WERDEN?
GIBT ES EINE FRAGE, AUF DIE DU SCHON LANGE EINE ANTWORT SUCHST?

DAS WAR HEUTE BESONDERS

MEIN FAZIT DES TAGES

RÄUCHERWERK DES TAGES

Alantwurzel

Bringt Licht, Helligkeit und Sonnenschein in die Seele, vitalisiert und hilft, blockierte Energien in den Fluss zu bringen.

Eukalyptusblätter

Unterstützt die Konzentration, bringt ins seelische Gleichgewicht, kann innerlich aufbauen und Leichtigkeit schenken. Sie befreien den Kopf von Ballast und erfüllen mit neuer Energie.

Muskatellersalbei

Wirkt inspirierend und kreativitätsfördernd, unterstützt die persönliche Entwicklung und ist ein "Lebenselexier".

Myrrhe

Wirkt erdend, unterstützt dich bei der Erreichung deiner Ziele und schärft den Blick fürs Wesentliche. Sie verbindet Körper, Geist und Seele und schafft Verbindunq zur feinstofflichen Welt.

Rosmarin

Unterstützt, wenn man Liebgewonnenes gehen lassen muss. Es klärt und reinigt, gibt Mut zum Selbst und stärkt Neuanfänge.

oder die ...

Rauhnächtemischung

Raum für Gedanken

6. Rauhnacht

29. / 30. DEZEMBER (steht für Juni)

Die 6. Rauhnacht beginnt mit der Abenddämmerung am 29. Dezember und widmet all ihre Aufmerksamkeit deinem physischen Körper.

Schenke heute deinem Körper besondere Wertschätzung, denn dein Körper ist der Tempel deiner Seele!

Die Rauhnächte sind nicht nur heilige, sondern auch heilende Nächte. Die Wirkung von Heilanwendungen aller Art ist in dieser Zeit besonders intensiv. Aktiviere heute deinen Stoffwechsel. Unternimm einen langen Spaziergang und wärme deinen Körper – mit (Basen-) Bädern, Saunagängen, heißen Getränken und Suppen.

> „Tu deinem Leib etwas Gutes, damit deine Seele Lust hat darin zu wohnen."
>
> **TERESA VON ÁVILAA**

Holunderblüten-, Lindenblüten-, Hagebutten-, Brombeerblätter- und Thymiantee bringen dich gut durch die dunklen Tage.

Nutze die letzten Tage des Jahres und die Kraft der Rauhnächte zum weiteren Bereinigen der alten Dinge. Begleiche offene Rechnungen, räume Probleme mit anderen Menschen aus dem Weg, sprich dich aus. Das Vergebungsritual schenkt dir Frieden im Innen und Außen. Vergib, mache reinen Tisch und befreie Körper und Seele von Altlasten.

→ Frage an mich

- **Wann habe ich das letzte Mal ganz egoistisch nur an mich gedacht?**

MEINE TRÄUME UND BEGEGNUNGEN

AFFIRMATION
Ich bin eins mit meinem Körper, meinem Geist und meiner Seele.

> Selbstliebe

WETTER

ALLGEMEINE STIMMUNG

IDEEN UND IMPULSE DES TAGES/TAGES-ORAKEL-KARTE

→ Vergebungs-Ritual

1. Schreibe auf einen Zettel die Namen aller Menschen, von denen du glaubst, dass du sie verletzt hast.
2. Auf einen weiteren Zettel schreibst du all die Namen der Menschen, die dich verletzt haben.
3. Nimm nun den ersten Zettel und sprich für jeden einzelnen Namen, der dort steht, „Ich vergebe mir, dass ich dir weh getan habe. Bitte (Namen einsetzen), vergib mir."
4. Danach verbrennst du den Zettel in einem feuerfesten Gefäß.
5. Danach nimmst du den zweiten Zettel und sprichst auch hier für jeden einzelnen Namen „(Namen einsetzen), ich vergebe dir, dass du mich verletzt hast."
6. Verbrenne auch diesen Zettel.
7. Verstreue anschließend die Asche in einem Fluss oder in der Natur.

GEDANKEN ZUM TAG

To-dos für heute

Kümmere dich um DICH!

> Beziehungen pflegen
> Vergeben

Kurz-Ritual

Schau dir im Spiegel in die Augen ... zehn Minuten lang. Stelle dir vorher einen Timer. Setz oder stell dich vor den Spiegel. Schaue dir in die Augen ... mal ins linke, mal ins rechte. Unterbrich den Blickkontakt nicht. Bewerte nicht, was du siehst. Wenn Gedanken kommen, registriere sie, geh ihnen aber nicht weiter nach. Wenn deine Aufmerksamkeit abdriftet, lenkst du sie sanft zurück zu dir und deinem schönen Spiegelbild. Nach zehn Minuten nimmst du etwas mehr Abstand zu deinem Spiegelbild und betrachtest dein Gesicht als Ganzes. Lächle dir selbst zu und sage „(dein Name), ich liebe dich!". Es werden heute sicher die zehn intensivsten Minuten deines Tages 😉 ...

EDELSTEIN

Versteinertes Holz

Erdung und Selbstliebe

Bringt liebevolle Energien und Achtsamkeit gegenüber dem Selbst und dem eigenen Körper. Es harmonisiert Körper, Geist und Seele.

ÄTHERISCHES ÖL

Benzoe Siam

Verleiht der Seele Flügel

Ein einhüllender balsamischer Duft zum Reinlegen ... beruhigt, gibt Schutz und bringt das Urvertrauen zurück.

-> Zwei Fragen, über die du vielleicht schon lange nicht mehr nachgedacht hast.

WANN HAST DU DAS LETZTE MAL AUF DIE FRAGE „WIE GEHT ES DIR?" NICHT MIT „GUT." GEANTWORTET?
WIE BEANTWORTEST DU DIR DIESE FRAGE GERADE SELBST ... IN MEHR ALS EINEM SATZ 😉?

> Für sich sorgen
> Deinen eigenen Körper heiligen
> Verantwortung für sich selbst übernehmen

DAS WAR HEUTE BESONDERS

MEIN FAZIT DES TAGES

RÄUCHERWERK DES TAGES

Copal

Seine klärende, reinigende Kraft macht wach und präsent, regt die Konzentration, Kreativität und geistige Klarheit an. Es öffnet für geistige Ebenen und weitet das Bewusstsein.

Frauenmantel

Stärkt die Selbstliebe und hilft, für sich selbst da zu sein.

Mastix

Ein Sonnen- und Lichtbringer. Er sorgt für einen klaren und wachen Geist und hellt die Stimmung auf, stärkt die Intuition und bringt die Verbindung zu sich selbst.

Vetiver

Lässt dich selbst annehmen und lieben. Dabei zentriert es und holt dich wieder auf den Boden der Tatsachen.

Yerba Santa

Das Santakraut löst Schwere und Trauer auf, lässt Liebe für sich selbst empfinden.

oder die ...

Rauhnächtemischung

Raum für Gedanken

Rauhnacht

30. / 31. DEZEMBER

Mit Beginn der Abenddämmerung erwartet und die siebte Rauhnacht, also der siebte Mondmonat und Silvestertag. Das alte Jahr will in Liebe und Achtung verabschiedet werden – das Neue liegt noch im Nebel verborgen. Diese letzte Nacht des Jahres darf ganz individuell gefeiert werden!

Bereite dich heute auf den Übergang ins neue Jahr vor. Nimm z.B. ein letztes Bad im alten Jahr, um das Alte abzuwaschen und zurückzulassen. Dabei kannst du wunderbar deine eigene Vision vom neuen Jahr träumen. Regle die letzten ungeklärten Dinge und beantworte die noch offenen Rückrufe, E-Mails und vielleicht auch Briefe.

Wenn du in den letzten Tagen noch keine Gelegenheit zum Ausräuchern deiner Wohnung hattest, solltest du den heutigen Tag (31.12.) dazu nutzen. Reinige deine Räume von den alten, verbrauchten und vielleicht auch kranken, missgünstigen, streitbaren, unguten Energien. Wer dies erst am Neujahrstag macht, könnte das neue Glück mit hinausfegen (Reinigungsritual S. 165).

MEINE TRÄUME UND BEGEGNUNGEN

AFFIRMATION
Ich sorge liebevoll für mich und lebe in Freude und innerer Fülle.

> Das Vergangene feiern
> Sich auf das Neue freuen

-> Frage an mich

- **Was will ich in meinem Leben verändern?**
- **Was will ich erreichen?**
- **Was gibt meinem Leben mehr Sinn und Erfüllung?**

Jetzt ist der Zeitpunkt des Träumens und Schwelgens. Fasse den Mut, Neues anzupacken und einfach deinen Weg zu gehen!

-> Innere Fülle und Reichtum

Es ist ein schöner Brauch, heute den Naturwesen in deiner Umgebung zu danken und dich mit der Fülle der Natur zu verbinden.

Bringe ihnen etwas von deinen vorbereiteten Silvesterspeisen oder ein bisschen Obst, Räucherwerk, Kuchen und Milch an die Wurzeln eines Obstbaumes.

Halte inne und verbinde dich mit den Wesen.

Frage, wie es ihnen geht, was sie brauchen und was sie sich von dir und deiner Achtsamkeit wünschen.

Danke ihnen für ihr Sein, für ihr Wachen, für ihre Liebe.

WETTER

ALLGEMEINE STIMMUNG

IDEEN UND IMPULSE DES TAGES/TAGES-ORAKEL-KARTE

→ Ritual

Die Vor-Silvester-Nacht gilt vor allem der inneren Einkehr. Entzünde dir heute dein Räucherwerk, mache Kerzen an, ziehe dich zurück und lass dieses Jahr Revue passieren. Gibt es noch etwas, was dir auf der Seele liegt, etwas, was du hinter dir lassen willst? Etwas, was du bisher noch nicht anschauen wolltest? Nimm dir einen Stift und Papier …

1. **Schreibe all die bitteren Erfahrungen auf, die Enttäuschungen, die Trauer, die Angst, die Feigheit, die Wut und die Ohnmacht …** und all das, was du nicht direkt ansprechen willst und kannst. Schreibe alles nieder, lasse nichts aus! Wenn du spürst, dass du so richtig leer bist, bitte deine Spirits und Schutzengel, deine Geistführer und die höheren Wesen, dir zu helfen, all das hinter dir zu lassen und dir deinen Weg zu zeigen, einen Weg voller Leichtigkeit und Freude.

2. **Danach zerreißt du all die beschriebenen Blätter und übergibst sie den Flammen …** bis alles komplett verbrannt ist. So wirst du frei und klar und kommst mit dir selbst ins Reine. **Nun können deine Gedanken in die Zukunft schweifen.**

GEDANKEN ZUM TAG

> Wohnung räuchern
> Letztes loslassen
> Platz machen für das neue Jahr

Kurz-Ritual

Öffne am 31. Dezember eine Weile lang alle Türen und Fenster. Visualisiere, wie sich das alte Jahr verabschiedet ... wie sich all die alte Energie, der Schmerz, die Krankheiten, die Anstrengungen, die Ängste und Mutlosigkeit lösen und hinausgezogen werden. Zurück bleiben die freudvollen und schönen Erinnerungen.

EDELSTEIN

Citrin

Der Stein des ewigen Lebens

Schenkt Licht und Lebensfreude, stärkt das Selbstvertrauen und die eigene Individualität, macht neugierig auf das Neue.

ÄTHERISCHES ÖL

Zitrone

Für Leichtigkeit und Freude

Fördert die Gefühle von Freude und Glück und steht für Energie, Selbstbewusstsein und Wachheit.

→ Zwei Fragen, die du dir vielleicht noch nie gestellt hast.

WAS WAR GESTERN BESSER ALS HEUTE?
WAS SOLL MORGEN BESSER SEIN ALS HEUTE?

> Abschluss – was möchte ich im alten Jahr zurücklassen?
> Letzte Schulden begleichen
> Vorbereitung auf das Kommende

DAS WAR HEUTE BESONDERS

MEIN FAZIT DES TAGES

RÄUCHERWERK DES TAGES

Birke

Der Baum des Aufbruchs und des Neubeginns. Die Birke wirkt belebend, macht zuversichtlich, und bringt Prozesse ins Laufen.

Dammar

Hat eine erhellende Wirkung und bringt Licht ins Dunkle. Er löst Spannungen und Emotionen, fördert die Verbindung mit den feinstofflichen Ebenen und unterstützt Visionsreisen.

Eichenmoos

Unterstützt Wandel und Transformation, bereinigt und gibt Sicherheit.

Kardamom

Hat die Botschaft, die reine Freude zu verbreiten! Mit ihm zieht Fröhlichkeit ins Gemüt, er scheint der Seele Flügel zu verleihen und zaubert ein Lächeln ins Gesicht.

oder die ...

Rauhnächtemischung

Raum für Gedanken

EINE ENTSCHEIDUNG TREFFEN
KLARHEIT UND WAHRHEIT SEHEN
DAS LEBEN FEIERN
ORAKELN

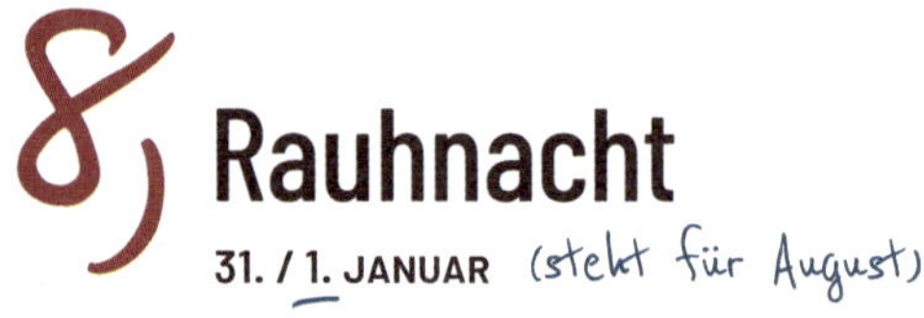

8) Rauhnacht

31. / 1. JANUAR (steht für August)

Die 8. Rauhnacht beginnt am Silvesterabend. Silvester ist schon seit den alten Germanen ein Feuerfest. Es wird der Abschluss des alten Jahres gefeiert und mit Feuerrädern und Böllern dafür gesorgt, dass die Geister und Dämonen nicht mit ins neue Jahr hinüberwechseln. In Zeiten des Klimawandels findet hier sicher jeder sein persönlich passendes Ritual.

Ich wünsche dir einen wunderbaren Übergang in das neue Jahr!

Die Silvesternacht und der Neujahrstag laden natürlich auch zum Orakeln ein. Ob Bleigießen oder die Tarotkarten die richtige Vorhersehung für dich bereithalten, erfährst du auf Seite 190.

Der erste Tag im neuen Jahr hängt traditionell mit dem Thema Glück zusammen. Ein Tag, um nur Positives zu versenden, in dem du anderen und dir selber nur das Beste wünschst. Glücksbringer zu verschenken ist ein schöner Brauch, sie erinnern uns das ganze Jahr an unsere guten Absichten.

Auf Seite 193 kannst du den für dich passenden Glücksbringer herausfinden.

→ Schöne Silvesterbräuche

- In der Silvesternacht rote Unterwäsche zu tragen, soll im neuen Jahr Liebesglück und Leidenschaft bescheren.
- Vom Silvesteressen etwas bis zum Neujahr übrig zu lassen, wird dir auch im neuen Jahr immer einen gefüllten Kühlschrank bescheren.
- Die Silvesternacht sollte man im Kreise seiner Lieben verbringen. Dies ist ganz wörtlich zu nehmen, da der Kreis die Menschen und die Liebe schützt.

MEINE TRÄUME UND BEGEGNUNGEN

WETTER

ALLGEMEINE STIMMUNG

Kurz-Ritual

Öffne am Morgen des 1. Januar all deine Türen und Fenster. Lade das neue Jahr mit seiner glücksbringenden Energie in dein Reich ein. Fühle, wie sich die frische Energie in deiner ganzen Wohnung verteilt und dich durchströmt.

„Mit dem Gedanken bestellst du,
mit dem Wort bist du bereit,
mit der Tat nur bist du „wirklich".

VERFASSER LEIDER NICHT BEKANNT"

→ Fülle-Meditation

Der Neujahrsmorgen ist einer der stillsten Momente im Jahr. Nicht nur, weil viele ausschlafen. Es ist als würde alles für einen Moment die Luft anhalten. Es ist, wie eine stille Huldigung der Reinheit und der Fülle vor dem, was vor uns liegt.

Geh hinaus an diesem Morgen, so ganz, ganz früh, halte die Luft an und tauche ein in die Fülle und Klarheit.

Vielleicht möchtest du auch noch etwas tiefer eintauchen. Dann begib dich im Geiste in deinen inneren Garten – ein verwunschener, üppig wachsender Garten. Du kommst durch das alte Tor, welches sich quietschend öffnet, du streifst durch die alten Rosenstöcke, der intensive Duft von Rosen und

Lavendel mischt sich mit feinen Kräuternoten, Bienen summen, du spürst einen zarten Windhauch auf deiner Haut, in der Mitte des Garten steht ein kleiner Tempel, er ist rund, offen und von Säulen getragen, du trittst ein, lässt dich nieder und genießt die Kühle und Reinheit dieses Ortes, wie von Ferne dringen die Geräusche zu dir … du bist in deiner eigenen Welt …

Da erscheint sie: Fortuna, die Göttin des Glücks mit ihrem Füllhorn. Sie lädt dich ein, jetzt die Fülle des Lebens in dir anzunehmen. Du darfst dich jetzt fragen, ob du wirklich bereit bist, die Segnungen dieses Lebens anzunehmen. Tritt vor die Göttin und sage mit ganzem Herzen „JA". Fortuna nimmt ihr großes Füllhorn, welches das Glück und die Fülle des Lebens enthält, die gesamte Schönheit der Schöpfung und all die Fülle bereitet sie nun über dir aus. Du nimmst sie auf, diese Fülle, den gesamten Reichtum dieser Welt. Du drehst dich im Glanze des Sternenstaubs, aus dem die Herrlichkeit dieses Leben besteht und trägst nun alles in dir: die regenbogenbunte Fülle dieser Welt. Wenn du dann überläufst vor Glück, Liebe und Reichtum, bedankst du dich bei Fortuna und lässt das alles vielleicht noch ein wenig auf dich wirken … Wenn du dann zurückkehren möchtest, gehst du zurück durch den Garten zum Tor, welches jetzt gar nicht mehr quietscht …

Und du kommst mit ein paar kräftigen Atemzügen in diese Welt zurück – reich beschenkt mit der Fülle und dem Reichtum des Lebens in dir.

AFFIRMATION

Ich sorge liebevoll für mich und lebe in Freude und innerer Fülle.

EDELSTEIN

Amethyst

Stein der Entscheidungen

Zeigt Klarheit und Wahrheit. Fordert zum Handeln heraus und bringt mehr Bewegung und Tiefsinn ins Leben. Die Konzentration wird gestärkt und die Objektivität gefördert.

ÄTHERISCHES ÖL

Ingwer

Der Blockadenlöser

Ingweröl wirkt anregend und euphorisierend. Es hilft uns, schwierige Entscheidungen zu fällen.

Jetzt

In dem Augenblick,
in dem man sich endgültig einer Aufgabe verschreibt,
bewegt sich die Vorsehung auch.

Alle möglichen Dinge,
die sonst nie geschehen wären, geschehen,
um einem zu helfen.

Ein ganzer Strom von Ereignissen wird in Gang gesetzt
durch diese Entscheidung
und sie sorgt zu den eigenen Gunsten
für zahlreiche unvorhergesehene Zufälle,
Begegnungen und materielle Hilfen,
die sich kein Mensch vorher je erträumt haben könnte.

Was immer du kannst oder dir vorstellst,
dass du es kannst,
beginne es.

Kühnheit trägt Genie,
Macht und Magie in sich.

Beginne jetzt!

JOHANN WOLFGANG VON GOETHE

Es ist nicht sicher, ob diese Worte wirklich von Johann Wolfgang von Goethe stammen. Aber dies ist auch nicht wichtig. Und hinzufügen muss man eigentlich auch nichts. Also, was immer deine Träume und Pläne für das neue Jahr sind: Just do it. Lass das Gestern gestern sein, das Morgen morgen. Beginne jetzt!

IDEEN UND IMPULSE DES TAGES/TAGES-ORAKEL-KARTE

> Tiefe Klarheit erfahren/ Wahrheit sehen

→ To-dos für heute

Da gute Vorsätze oft schon im Champagner des ersten Neujahrsempfangs verprickeln, solltest du bereits heute, am Neujahrstag, eine Entscheidung treffen und dir selbst ein Versprechen geben.

Die Rauhnächte fordern uns dazu auf, Entscheidungen zu treffen, die unserer spirituellen Entwicklung dienen. Entscheide dich für DEINE Herzensziele ... und das mit ganzer Kraft!

Notiere mindestens ein und maximal drei Veränderungen, die dich fähiger, stärker und glücklicher machen. Es sind Ziele, die zwar deinen ganzen Einsatz fordern, dich dabei aber nicht erschöpfen, vielmehr schenken sie dir Energie. Beschränke dich heute auf die Auswahl und die klare und bewusste Entscheidung dafür. Konkret wird es in den nächsten Tagen.

MEINE HERZENSZIELE FÜR DIESES JAHR:

-> Zwei Fragen, die du dir vielleicht noch nie gestellt hast.

GLAUBST DU, DASS DU IN DIESER WELT EINEN UNTERSCHIED MACHST? BIST DU SUCHENDER ODER FINDENDER?

> Geister vertreiben – Böller
> Orakeln
> Glück wünschen und verschenken
> Fülle spüren

DAS WAR HEUTE BESONDERS

MEIN FAZIT DES TAGES

RÄUCHERWERK DES TAGES

Eisenkraut

Macht Mut und stärkt das Selbstvertrauen. Es unterstützt die Kontaktaufnahme zu den Spirits und der feinstofflichen Welt und wird auch "Visionskraut" genannt.

Holunderholz

Gilt als Schutzbaum und bringt Segen, unterstützt Entscheidungsprozesse und die Findung des passenden Zeitpunkts.

Myrrhe

Wirkt erdend, unterstützt dich bei der Erreichung deiner Ziele und schärft den Blick fürs Wesentliche. Es verbindet Körper, Geist und Seele und schafft Verbindung zur feinstofflichen Welt.

Thymian

Stärkt Mut, Willen und das Selbstvertrauen. Bringt die Leichtigkeit des Seins zurück und fördert den Lebenswillen. Es erweckt aus Lethargie und Erstarrung.

Zeder

Gibt die nötige Kraft für Veränderungen, klärt den Geist und stärkt die Intuition. Sie schenkt Elan und neues Selbstvertrauen.

oder die ...

Rauhnächtemischung

Raum für Gedanken

Rauhnacht

1. / 2. JANUAR

Die Festlichkeiten sind vorbei, die Rauhnächte gehen weiter. Und doch darf die Normalität noch ein bisschen warten. Heute ist der Tag der heiligen Katharina. Sie steht mit ihrem Symbol, dem Rad des Lebens, dafür, dass man durch Glauben das Schicksal verändern kann.

> „Wenn es einen Glauben gibt, der Berge versetzen kann, so ist es der Glaube an die eigene Kraft."
>
> **MARIE VON EBER-ESCHENBACH**

So ist das spirituelle Thema für den heutigen Tag deine Achtsamkeit für das Hier & Jetzt. Öffne all deine Sinne für das, was jetzt gerade um dich herum passiert ... das Ticken der Uhr, das Tropfen des Wasserhahnes, das Pfeifen des Windes. Nimm einfach wahr, ohne zu bewerten und zu beurteilen. Wenn wir es schaffen, ganz tief zu lauschen, zu spüren, zu schauen und zu fühlen, werden wir nicht nur das Offensichtliche, sondern auch das Verborgene wahrnehmen lernen.

Sei präsent! Sei im Hier und Jetzt! Eine meiner Lieblingsmeditationen in den Rauhnächten ist die Meditation über das neue Jahr. Aus der absoluten Präsenz heraus segnest du dein neues Jahr mit deinem inneren goldenen Licht. Schau dir dein Jahr an – es wird dir ein Lächeln ins Gesicht zaubern!

Kurz-Ritual

Deine Präsenz und Achtsamkeit in der Gegenwart liefern den Schlüssel für die Erweiterung deiner Wahrnehmung und die Ergründung der Geheimnisse der Rauhnächte. Begib dich heute immer wieder bewusst in den Zustand der Gegenwart. Konzentriere dich dabei ganz bewusst auf das, was du in diesem Moment gerade tust – egal wie banal es dir auch erscheint.

→ Meditation über das neue Jahr

Aus der Kraft der eigenen Mitte, aus innerer Ruhe, Frieden und Stille, aus der körperlichen und geistigen Präsenz erwächst die Kraft, die für die Umsetzung der neuen Ziele unabdingbar ist.

Begib dich heute auf eine Reise in die kommenden zwölf Monate und verbinde dich mit dem goldenen Licht in deinem Inneren. Entzünde eine Kerze für das neue Jahr. Werde still, verweile im Moment, richte deine Achtsamkeit auf dein Inneres und verbinde dich mit deiner Göttlichkeit: mit deinem inneren Licht. Lasse es hell und golden erstrahlen. Bitte DEIN Licht um Segen für dich und das neue Jahr. Lade es in dein Leben ein. Stell dir vor, wie über dein Kronenchakra goldenes Licht in dein Herz und von dort in deine Hände fließt. Sieh, wie du vollkommen in goldenes Licht getaucht, über deine Hände Segen auf das kommende Jahr sendest.

Sieh, wie dieses goldene Licht in jeden einzelnen der zwölf Monate fließt. Und jeder Monat schließlich hell erstrahlt. Verweile ein bisschen in den einzelnen Monaten und achte dabei auf deine Empfindungen und Wahrnehmungen.

Hast du allen Monaten das Segenslicht gesendet, **überschaue noch einmal das ganze Jahr**. Gibt es noch einen Moment, der weitere Aufmerksamkeit wünscht? Wenn du dein Jahr überall lichtgold erstrahlen siehst, bedanke dich bei dir und deiner inneren Führung und komm zurück ins Hier & Jetzt. **Notiere dir gleich, was du in den einzelnen Monaten wahrgenommen hast, wie du dich gefühlt hast, welche Hinweise du aufgenommen hast.**

AFFIRMATION
Ich nehme mich und meine Welt so an, wie sie ist. Ich bin gesegnet.

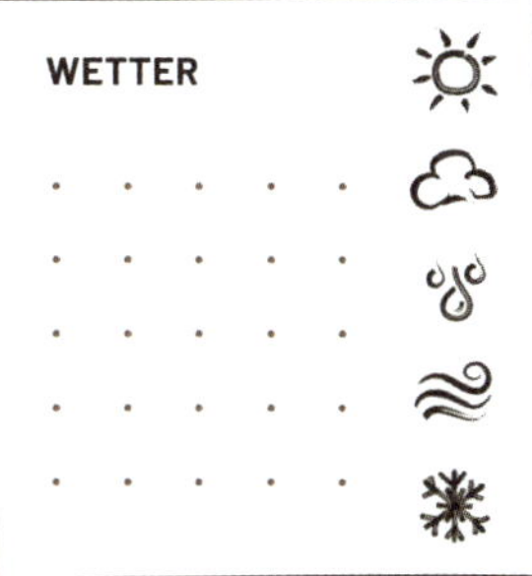

ALLGEMEINE STIMMUNG

IDEEN UND IMPULSE DES TAGES/TAGES-ORAKEL-KARTE

> Intuition/Visionen
> Gold und Segenslicht
> Achtsamkeit

MEINE TRÄUME UND BEGEGNUNGEN

→ Achtsamkeits-Übung

Mit dieser kleinen Übung schulst du deine Achtsamkeit und Intuition. Schließe die Augen und atme mehrmals tief ein ...

Nimm deinen Körper wahr. Wie ist deine Haltung? Spürst du bestimmte Bereiche besonders deutlich? Gibt es irgendwo Anspannungen? Juckt oder kribbelt es irgendwo? Fühlst du Wärme oder Kühle? Spürst du deine Kleidung? Wie fühlt sich der Stoff auf deiner Haut an? Nimm alles wahr, aber verändere nichts.

Nun lenke deine Achtsamkeit auf deinen Atem. Spüre, wie du ein- und ausatmest. Wohin strömt die eingeatmete Luft? Wie fühlt sich deine Nase und dein Mund dabei an?

Dann führe deine Aufmerksamkeit zum Hören. Welche Geräusche vernimmst du? Wie fühlt es sich an, diese nur wahrzunehmen ohne zuzuhören und zu bewerten?

Dann lenke deine Achtsamkeit auf deinen Geist. Welche Gedanken und Gefühle tauchen auf? Welche Bilder erscheinen dir? Betrachte alles wie im Kino – kommend und gehend –verharre nicht darin, lass sie ziehen und Neues erscheinen. Abschließend lenke deine Aufmerksamkeit auf den ersten Impuls, der dir kommt. Was hat er mit dir und deiner Achtsamkeit für deinen Körper zu tun? Beobachte dich selbst, wie du mit diesem Impuls umgehst. Vielleicht ist es ein Hinweis deiner Intuition, um was du dich als Nächstes kümmern darfst.

Atme mehrmals tief ein und komme zurück ins Hier und Jetzt.

EDELSTEIN

Gelber Jaspis

Der Fels in der Brandung

Der gelbe Jaspis schenkt innere Ruhe und Achtsamkeit. Bedacht und umsichtig fördert er Ausdauer und Weitsicht.

ÄTHERISCHES ÖL

Muskatellersalbei

Schenkt neue Perspektiven

Im Volksmund wird der Muskatellersalbei auch „klares Auge" genannt. Er unterstützt besonders dabei, sich der Wahrnehmung zu öffnen und die eigene Wahrheit anzunehmen. Er hilft, Verwirrung aufzulösen und neue Ideen und Perspektiven zuzulassen.

-> Ein paar mehr Fragen, die nicht unbedingt zur 9. Rauhnacht gehören, aber schon irgendwie in diese Zeit.

WAS WÜRDEST DU TUN, WENN DU WÜSSTEST, DASS DU NICHT VERSAGEN KANNST?
WENN DU FÜR EINEN TAG EINE ANDERE PERSON SEIN KÖNNTEST – IN WESSEN HAUT WÜRDEST DU SCHLÜPFEN?

> Achtsamkeit
> Entscheidungen treffen

DAS WAR HEUTE BESONDERS

MEIN FAZIT DES TAGES

RÄUCHERWERK DES TAGES

Angelikawurzel

Ein Engel in Pflanzengestalt. Wirkt kräftigend, revitalisierend und macht zuversichtlich, stärkt das Selbstvertrauen und bringt die Lebensfreude zurück.

Copal

Seine klärende, reinigende Kraft macht wach und präsent, regt die Konzentration, Kreativität und geistige Klarheit an, öffnet für geistige Ebenen und weitet das Bewusstsein.

Melisse

Fördert die Zuversicht und stärkt das Selbstvertrauen, bringt Segen und Erfolg. Sie ist auch zur Schutzräucherung einzusetzen.

Wacholderholz

Stellt Kontakt zur eigenen Ahnenlinie her, unterstützt Vergebung, zeigt Lösungsansätze auf und lässt Chancen erkennen, weckt die Intuition, gibt Sicherheit, stärkt das Selbstvertrauen.

oder die ...

Rauhnächtemischung

Raum für Gedanken

Rauhnacht

2. / 3. JANUAR (steht für Oktober)

Die Rauhnächte bieten dir einen Gesamtblick auf das Werden und Vergehen, vom Entstehen bis zum Loslösen. Dein persönlicher Lebensweg, deine Beziehungen oder Projekte – alles ist integriert im Kreislauf des Lebens.

In den vergangenen Tagen sind wir still geworden und konnten Kraft aus unseren Wurzeln ziehen. Wir haben losgelassen und entrümpelt, haben unsere Komfortzone verlassen und uns mehr und mehr an unsere innere Führung angebunden und der inneren Stimme gelauscht. Wir haben unser großes und kleines soziales Beziehungsgeflecht durchschritten und wissen nun, wo unsere Energie hinfließt und was wir tun können, um sie zu stärken. Du hast eine Entscheidung getroffen ... eine Entscheidung für dich.

Du bist nun bestens ausgerüstet, dich ganz gezielt mit dem Sinnhaften deines Lebens zu beschäftigen: der Frage nach dem Sinn DEINES Lebens.

MEINE TRÄUME UND BEGEGNUNGEN

To-dos für heute

Anknüpfend an die Übung „Wenn ich nur noch ein Jahr zu leben hätte" vom 4. Rauhnachtstag, steht heute die Frage nach dem Sinn deines Lebens. Vielleicht liest du vorab noch mal deine Notizen vom 27./28. Dezember.

Nun schaue auf dein bisheriges Leben zurück. Dies kannst du in Gedanken tun. Klarer wird es mit einem Zeitstrahl oder einer Zeitspirale.

Zeichne auf ein großes Blatt Papier eine Zeitachse, beginnend mit deiner Geburt. Dieser Zeitstrahl geht über all deine Lebensjahre – vielleicht benötigst du dafür mehrere Blätter. Eine andere Möglichkeit ist, dein Leben an einem Baum darzustellen. Nun fülle die Jahre, verwende dafür verschiedene Farbstifte.

Woran denkst du dabei zuerst? Welche Ereignisse im Außen haben dich geprägt (z.B. Schule, Ausbildung, Arbeitsstellen, Hochzeit etc.)? Was waren Wendepunkte in deinem Leben? Wann gab es einschneidende Erlebnisse, Begegnungen oder Reisen? Wann hast du folgenwirksame Entscheidungen getroffen? Wann gab es Hoch-Zeiten, wann hattest du schwierige Phasen? Welche Ereignisse sind ihnen vorausgegangen? Wann sind Menschen in dein Leben getreten oder gegangen, die alles Kommende beeinflusst haben?

NÄCHSTE SEITE >

„Deine Vision wird nur dann klar, wenn du in dein eigenes Herz schaust. Wer nach außen schaut, träumt; wer nach innen schaut, erwacht."

CARL GUSTAV JUNG

WETTER

ALLGEMEINE STIMMUNG

Schau dir dein Leben an. Erkennst du Zyklen und wiederkehrende Muster? Beantworte dir folgende Fragen:

- **Worin bestanden deine bisherigen Ziele? Hast du sie erreicht? Wie fühlst du dich damit?**
- **Was liegt dir am Herzen, was möchtest du in diesem Leben vollbringen? Was sagt dein Verstand dazu?**
- **Wo fühlst du dich gefangen und unfrei, um deine Herzensangelegenheiten zu erledigen?**
- **Was ist deine Botschaft für deine Nachfahren? Lebst du sie? Wenn nein, was hindert dich, es zu tun?**

Formuliere aus diesen Erkenntnissen und deinen Erfahrungen aus den Rauhnächten deine Vision für dein neues Jahr und darüber hinaus.

IDEEN UND IMPULSE DES TAGES/TAGES-ORAKEL-KARTE

> Sinn meines Lebens
> Zeit sinnvoll nutzen

GEDANKEN ZUM TAG

Kurz-Ritual

Denke im Laufe des Tages über folgende Fragen nach und notiere dir am Abend die Antworten hier in dein Rauhnacht-Tagebuch.
Wenn du am Morgen aufwachen würdest und keine Probleme hättest …

- **Wen siehst du? Was tust du? Mit wem verbringst du deine Zeit? Wo arbeitest du?**
- **Welches Gefühl gibt dir dieser Tag?**
- **Was in deinem Leben gibt dir das gleiche Gefühl? Wie kannst du dieses Gefühl in deinem jetzigen Leben kreieren?**

AFFIRMATION

Ich öffne mein Herz für die Liebe des Lebens, für die Freude des Lebens, für das Leben.

EDELSTEIN

Rauchquarz

Der Förderer

Der Rauchquarz öffnet die Augen für neue Lebenswege und schenkt Lebenskraft. Er unterstützt das spirituelle und geistige Wachstum bis hin zur Eigenständigkeit und Selbstverwirklichung. Er ist ein starker Schutzstein und gewährt dir einen geschützten Raum zur Entfaltung.

ÄTHERISCHES ÖL

Weihrauch

Lässt dich wachsen

Weihrauch als ätherisches Öl wirkt wunderbar klar und rein. Es stärkt die Fähigkeit, die eigene Wahrheit zu erkennen und anzunehmen und fördert das spirituelle Wachstum. Weihrauch gilt als das Öl, das dich mit dem höheren Selbst verbindet.

→ Übung zum Finden des eigenen Lebenszieles

Wenn du mit deinem Lebens-Zeitstrahl deinen Lebenssinn noch nicht ganz greifen kannst, hilft dir vielleicht diese Übung weiter.

Notiere 3 Menschen, die du kennst und bewunderst und wofür.

Notiere 3 Menschen, die du nicht persönlich kennst, aber bewunderst und wofür.

Der Mix aus diesen Personen ergibt ein Profil mit den Schlüsselqualitäten, welche auf dein Lebensziel und deinen Lebenszweck hinweisen.

DAS WAR HEUTE BESONDERS

MEIN FAZIT DES TAGES

RÄUCHERWERK DES TAGES

Benzoe Siam

Wirkt entspannend, beruhigend, öffnend, antidepressiv und vermittelt ein Gefühl inneren Friedens, regt die Phantasie und Inspiration an.

Bernstein

Befreit das Herz und hilft beim Loslassen negativer Emotionen, vermittelt Licht, Sonne, Freude und Helligkeit. Außerdem stärkt er das Urvertrauen in uns.

Eichenmoos

Unterstützt Wandel und Transformation, bereinigt und gibt Sicherheit.

Koriander

Belebt unsere Sinne und klärt den Geist, schenkt frische Energie und offenbart neue Lösungsansätze.

oder die ...

Rauhnächtemischung

Raum für Gedanken

11) Rauhnacht

3. / 4. JANUAR (steht für November)

Das neue Jahr nimmt Form an. So dürfen auch deine Visionen für dieses Jahr Form annehmen.

Wir erschaffen uns unsere Welt: Tag für Tag und Jahr für Jahr. Indem du jetzt deinen Fokus auf ein einziges Ziel ausrichtest, setzt du ein Zeichen. Ein Zeichen vor dir selbst, Zeichen bei deinen Mitmenschen und im Universum. Es geht hier um Klarheit in dir und um den Einklang von Wort und Tat. Definiere dabei dein Reiseziel und deine Reisegefährten.

Nutze diese kraftvolle 11. Rauhnacht, sortiere dich, konkretisiere deine Wünsche und gib dem zarten Pflänzchen deines Vorhabens ein starkes Gerüst.

WETTER

ALLGEMEINE STIMMUNG

MEINE TRÄUME UND BEGEGNUNGEN

- Collage -
Anker für das Jahr

→ To-dos für heute

Gestalte deine Zukunfts-Collage für dieses Jahr. Was du dazu brauchst:

- **ein großes Blatt Papier oder Zeichenkarton, evtl. einen Rahmen (die Farben gold und rot unterstützen deine Ziele besonders kraftvoll)**
- **ein Foto von dir**
- **farbige Stifte, Malkreiden, Farben, Schere, Leim**
- **Magazine, Zeitungen und Zeitschriften, aus denen du Fotos und Schriftzüge ausschneiden kannst**
- **Naturmaterialien, die du magst (Moos, Federn, Muscheln ...)**

Heute ist deine Schöpfungskraft gefragt. In den letzten Tagen hast du dein(e) Ziel(e) und Herzenswünsche herausgearbeitet. Die Türen zu deinem wahren Potential sind jetzt weit geöffnet. Es ist Zeit, deinen inneren Wünschen ein „Gesicht" zu geben

Ein Vision Board bzw. eine Wunsch-Collage soll dir das Gefühl für das verleihen, was du sein möchtest. Es ist wie das Aussäen deiner Zukunft mit deiner Vision für deine Zukunft.

- **Bevor du mit der Collage beginnst, stelle dir noch mal dein(e) Ziel(e) für dieses Jahr bildhaft vor deinem inneren Auge vor.** Fühle in dich hinein, wie es ist, wenn du sie erreicht hast.

NÄCHSTE SEITE >

AFFIRMATION

Ich bin die schöpferische Kraft in meiner Welt.
Ich bin ein Quell der Fülle.

EDELSTEIN

Moosachat

Der Fülle-Magnet

Beschert innere Festigkeit, Verwurzelung und Beständigkeit, stärkt die Manifestationskraft und zieht Fülle und Reichtum ins Leben.

ÄTHERISCHES ÖL

Zitrone

Voller Leichtigkeit ins Ziel

Zitrone hat ein belebendes, energetisierendes Aroma, das Gefühle der Leichtigkeit und Freude fördert. Es macht wach, fördert den Fokus und lässt dich mit einem Lächeln über die Zielgerade gehen.

Spüre sie mit jeder Faser deines Körpers, von den Zehenspitzen bis zur Haarwurzel. Spüre die Emotionen, die dich dabei durchlaufen.

- **Nun gilt es genau diese Gefühle abzubilden.** Du kannst dafür malen, schreiben oder Bilder, Gegenstände und Worte finden.
- **Im Zentrum deiner Zukunfts-Collage solltest immer du selbst sein,** idealerweise mit einem Ganzkörperfoto, auf dem man auch dein Gesicht sieht.
- **Nun ordne um dich herum all das an, was deine Ziele widerspiegelt.** All das, was dich anspricht und genau in der Form von dir kommen könnte. Wen möchtest du in diesem Jahr an deiner Seite haben? Binde deine Begleiter und Traumpartner mit ein.

Sorge dafür, dass nur konkrete Bilder und Worte zu sehen sind. Alles, was bereits schon existiert, findet leichter den Weg in deine Realität. Ein abstraktes Traumhaus muss erst seinen Architekten finden.

Die Zukunfts-Collage muss nicht perfekt sein – erstelle sie zügig und lasse es aus dir herausfließen. Hab Spaß dabei!

IDEEN UND IMPULSE DES TAGES / TAGES-ORAKEL-KARTE

Kurz-Ritual

Was ist dein größter Wunsch für dieses Jahr? Stelle dich dir in der Situation vor, in der sich der Wunsch erfüllt hat.

- **Wie fühlst du dich?**
- **Wer ist an deiner Seite?**
- **Wo bist du?**
- **Welche Kleidung trägst du?**
- **Gibt es einen bestimmten Geruch oder Geräusche?**

Erspüre diesen Moment mit jeder Zelle deines Körpers. Notiere deine Gedanken, Gefühle und Wahrnehmungen hier im Rauhnachts-Tagesbuch!

Vielleicht magst du deine Collage in einen Rahmen bringen. Hänge sie an einen Ort, wo sie dein Unterbewusstsein beeinflussen kann und wo sie eine unterschwellige Affirmation deiner Wünsche und ständigen Entwicklung in allen Bereichen deines Lebens werden kann.

Wie kraftvoll bis ins Detail diese Art der Visualisierung ist, erlebte ich vor ein paar Jahren. Vor längerer Zeit habe ich eine Fallschirmspringerausbildung gemacht und hatte die Fallschirmspringerlizenz. Diese wird aufrechterhalten durch mindestens 12 Sprünge pro Jahr. Mit Beginn meiner Selbständigkeit fehlte mir oft die Zeit und so verlor die Lizenz ihre Gültigkeit. Irgendwann war die Sehnsucht nach der Freiheit über den Wolken so groß, dass ich mir sagte „Dieses Jahr aktiviere ich meine Lizenz und springe wieder". So fand sich auf meinem Vison Board einen Fallschirmspringer – der einzige, den ich fand, trug eine blaue Kombi und einen rosa Helm. Im Sommer des Jahres war es so weit, ich hatte einen Auffrischungskurs und meinen ersten eigenen Sprung … Es war mein 110. Sprung insgesamt. Und was glaubst du, was ich anhatte? Eine blaue Kombi und einen rosa Helm …

→ Vier Fragen, die du dir vielleicht noch nie gestellt hast.

WENN DU MIT NUR EINER PERSON EIN JAHR AUF EINER EINSAMEN INSEL VERBRINGEN MÜSSTEST … WER WÜRDE DAS SEIN UND WARUM?
WENN DU ETWAS ILLEGALES TUN KÖNNTEST, ETWAS, DAS NIE JEMAND ERFAHREN WÜRDE UND ES KEINE KONSEQUENZEN HABEN WÜRDE … WÜRDEST DU ES TUN UND WENN JA, WAS WÄRE ES?
WIE SIEHT ES MIT ETWAS UNMORALISCHEM AUS? WAS WÜRDEST DU TUN?

> Ins Tun kommen
> Ziele konkretisieren
> Reisegefährten

DAS WAR HEUTE BESONDERS

MEIN FAZIT DES TAGES

RÄUCHERWERK DES TAGES

Jasminblüten oder Jasminweihrauch

Löst Ängste und Blockaden auf sanfte Weise, schenkt das Gefühl von Geborgenheit und bewirkt Hingabe und Herzöffnung.

Dammar

Hat eine erhellende Wirkung und bringt Licht ins Dunkle, löst Spannungen und Emotionen, fördert die Verbindung mit den feinstofflichen Ebenen und unterstützt Visionsreisen.

Angelikawurzel

Ein Engel in Pflanzengestalt. Wirkt kräftigend, revitalisierend und macht zuversichtlich, stärkt das Selbstvertrauen und bringt die Lebensfreude zurück.

Rosmarin

Unterstützt, wenn man Liebgewonnenes gehen lassen muss, klärt und reinigt, gibt Mut zum Selbst und starkt Neuanfänge.

oder die …

Rauhnächtemischung

Raum für Gedanken

12) Rauhnacht

4. / 5. JANUAR (steht für Dezember)

Mit der Dämmerung bricht die letzte Rauhnacht an. Sie entspricht dem Dezember des vor uns liegenden Jahres. Die zwölfte Rauhnacht endet dann um Mitternacht auf den 6. Januar, dem Tag der Heiligen Drei Könige. Sie schließt die Schwellenzeit ab. Die Tore zur Anderswelt schließen sich und der Übergang vom alten ins neue Jahr ist dann endgültig vollzogen.

Diese letzte Rauhnacht lässt uns abschließende Korrekturen vornehmen und macht es dann „rund". Alle Erkenntnisse werden zu einem Gesamtbild zusammengeführt.

Heute Abend oder morgen verbrennst du deinen letzten Wunsch aus dem Wunschritual (Seite 31). Am 6. Januar öffnest du dann den Wunsch, der übrig ist … und das ist das Thema, um das du dich nun selbst kümmern darfst.

MEINE TRÄUME UND BEGEGNUNGEN

→ To-dos für heute

Diese 12. Rauhnacht möchte all die Erfahrungen der Rauhnächte zusammenbringen und in dir verankern.

Setze dich mit dem Räucherwerk des Tages oder der Rauhnächtemischung und einer guten Tasse Tee an ein ruhiges Plätzchen. Beobachte, wie der Rauch aufsteigt, und danke den Helfern der geistigen Welt und deinen Ahnen für ihre Unterstützung und ihre Geschenke an dich – auch wenn du sie vielleicht (noch) nicht als solche erkannt hast.

Resümiere: Was hast du gehen lassen in diesen Tagen? Gibt es etwas, wo kein Loslassen möglich ist? Betrachte mit mildem Blick, was da noch bleiben möchte – auch wenn es unangenehm ist und hülle es wohlwollend in den aufsteigenden Rauch ein. Alles hat seine Zeit ... Manches braucht noch weitere Erfahrungen, um es abschließen zu können.

Welche Erkenntnisse hast du gewonnen? Welche Entscheidungen getroffen? Mach dir den Neuanfang bewusst.

Dann öffne eine Weile lang alle Fenster und Türen weit. Gib den Geistern der Vergangenheit die Möglichkeit, sich endgültig zu verabschieden.

Für die Helligkeit in dir, für dein inneres Licht, verbinde dich bewusst mit den lichten Kräften. Lass dich vom Licht durchfluten, speichere es in jeder Faser deines Körpers und strahle es aus! Du hast das Wissen über deine Zukunft in dir und ganz sicher bist du diesem in den letzten 12 Tagen ein ganzes Stück näher gekommen!

NÄCHSTE SEITE >

AFFIRMATION
Meine Zukunft ist erfüllt mit Liebe, Freude und Frieden.

ALLGEMEINE STIMMUNG

→ Fragen an mich

- Worüber habe ich mich in den letzten 12 Tagen und Nächten gefreut?
- Was hat mich positiv überrascht?
- Welche weiteren Wunder würde ich gern in mein Leben einlassen?
- Was war störend und irritierend für mich?
- Welche Themen zeigen sich mir immer wieder?

EDELSTEIN

Aventurin

Der Lebensabenteurer

„Aventura" ist Spanisch und heißt übersetzt „Abenteuer". Starte mit dem Aventurin in dein neues Lebensabenteuer. Er löst Ängste und Stress, die dadurch entstehen, dass du nicht deiner wahren Bestimmung folgst. Er stärkt deine Entwicklung und führt dich in ein selbstbestimmtes Leben.

> loslassen
> annehmen

→ Korrektur-Ritual

Der 5. Januar ist ein besonderer Tag. Heute können wir noch mal, wie am „Tag der unschuldigen Kinder", all das, was in den letzten zwölf Tagen, und damit der Vorbereitung auf das neue Jahr, nicht so gut lief, korrigieren.

1. **Lass die letzten zwölf Tage und Nächte an dir vorbeiziehen.** Was hat sich nicht so gut angefühlt? Wo hast du dich „falsch" verhalten? Was wolltest du tun und hast es dennoch nicht gemacht?

2. **Notiere all die dich belastenden Dinge.** Danach notierst du, wie sie hätten idealerweise laufen sollen. Male es dir in Gedanken detailreich aus. Fühle dich in die neuen Situationen hinein, so als hättest du sie genauso erlebt. Schreibe dir quasi dein eigenes Drehbuch. Notiere dir kurz deine neue Version. Anschließend verbrennst du den Zettel mit den negativen Notizen.

3. **Abschließend hältst du deine Notizen vom neuen Ablauf in den Händen.** Fühle, wie dich die Freude über das durchströmt, was sich alles gewandelt hat. Lass dein goldenes inneres Licht hineinströmen und bedanke dich bei dir für die Möglichkeit der Kursänderung.

→ Aufgaben

Nutze den Tag, um dich auf die bevorstehende Nacht vorzubereiten. Sie enthält einen ganz besonderen Segen und Zauber. Es ist die Nacht der Wunder.

Lies deine Notizen durch, lass die Tage und Nächte Revue passieren ... Was war besonders? Was war anders als sonst? Erkennst du Muster und Hinweise, wo deine Reise hingeht? Markiere dir wichtige Erkenntnisse und Aspekte in deinem Kalender. Sei darauf gefasst, dass dir im Alltag Prüfungen begegnen und dich herausfordern, zu deinen Wünschen zu stehen. Notiere dir Zeitpunkte für eine Zwischenbilanz. Sei konkret!

Wenn du die Augen schließt, welche FARBE kommt dir beim Rückblick auf die letzten zwölf Tage und Nächte?
Besorge dir eine große Kerze in dieser Farbe. Wann immer du in den nächsten Monaten Rat und Schutz braucht, beim Entzünden der Kerze wird die geistige Welt dir Hilfe senden.

Kurz-Ritual

Wenn du den letzten zwölf Tagen und Nächten ein MOTTO geben würdest – mit welchem Satz würdest du es zusammenfassen?
Es ist dein Motto für dieses neue Jahr!

DAS WAR HEUTE BESONDERS

Du bist eher der Riech-Typ? Du kannst natürlich auch einen DUFT dafür auswählen. **Schließe die Augen ... Welchen Duft bekommst du in die Nase? Welche Pflanze sendet dir eine Botschaft?** Nutze es in einer Duftlampe oder als persönliches Parfüm. **Das ätherische Öl verbindet dich mit dem Äther dieser Zeit.**

ÄTHERISCHES ÖL

Zirbe

Ausdauer, Kraft & Stärke

Die Zirbelkiefer ist ein Sinnbild für ungebrochenen Lebenswillen, Ausdauer, Stärke und einem freiheitlichen Geist, der sich Normen nicht beugen muss und nie unterwürfig ist. Auch gibt sie das Gefühl des Einssein mit der Welt und verbindet uns stärker mit unserer eigenen Existenz. Es ist ein Öl, was dich durch das ganze Jahr begleiten kann.

→ Zwei Fragen, die du dir vielleicht noch nie gestellt hast.

WIE IST ES, IN TOTALEM FRIEDEN MIT DIR ZU SEIN?
WIE IST ES, EIN ERFÜLLTES LEBEN ZU FÜHREN?

> alle Geschehnisse der letzten Tage zusammenführen und integrieren
> loslassen/annehmen

MEIN FAZIT DES TAGES

FÜR DIE ERFÜLLUNG DIESES WUNSCHES BIN ICH SELBST ZUSTÄNDIG:

RÄUCHERWERK DES TAGES

Efeu

Verbindet die Erde mit dem Himmel und schenkt das Gefühl von innerer Freiheit.

Eberesche

Löst Zweifel, bringt Klarheit und hilft den Weg (wieder) zu finden.

Weidenrinde

Stärkt das Urvertrauen, macht stark für neue Aufgaben und lässt dich über deine eigenen Grenzen gehen.

Weihrauch

(Am besten ein weicher balsamischer, z.B. aus dem Oman.)
Hilft zu vergeben, klärt und reinigt, befreit die Atmosphäre von dunklen Energien. Er gibt Sicherheit und wirkt segnend.

oder die …

Rauhnächtemischung

Raum für Gedanken

→ Aufgabe des Tages

Diese besondere Energie ist hervorragend geeignet, um rituelle Gegenstände oder auch deine Wassersteine aufzuladen.

Reinige sie vorab unter fließendem Wasser oder mit Räucherwerk, z.B. Weihrauch.

Danach lege sie unter freiem Himmel aus (das kann auf einer Fensterbank, auf einem Balkontisch oder im Schnee im Garten sein) und bitte die Energien der Nacht der Wunder, sich in ihnen zu verankern.

Nacht der Wunder am 5. Januar

5. / 6. JANUAR Dreikönigsnacht

Die Rauhnächte sind zu Ende ... ABER in der Nacht vom 5. auf den 6. Januar wird die Perchtnacht gefeiert. Sie wird auch Hollanacht oder Dreikönigsnacht genannt.

In einigen Gegenden werden jetzt die Perchtumzüge, die den Abschluss der Rauhnächte bilden, begangen. Verkleidete junge Männer mit gigantischen Teufelshörnern und furchterregenden Masken ziehen mit wildem Gebaren durch die Dörfer. Um böse Geister zu vertreiben und zugleich die Samen, die in der Erde schlummern, zu neuem Leben zu erwecken, stampfen die Perchten auf den Boden oder springen über das Feuer. Der Höhepunkt dieser alten Sitten und Bräuche wird erreicht. Ein letztes Mal saust die Wilde Jagd durch die Lüfte, ehe sich morgen dann die Tore zur Anderswelt wieder schließen.

Die heutige Nacht vor dem Dreikönigstag zählt nicht mehr zu den Rauhnächten, ist aber nochmals mit einer ganz besonderen Energie gesegnet und sie heißt auch „Nacht der Wunder".

Achte heute noch mal ganz bewusst auf deine Träume ... Sie fassen das Thema, welches dich durch das ganze Jahr begleiten wird, zusammen.

Und es ist natürlich der Tag des letzten Wunsches ... Begehe diesen Moment feierlich ... Koche dir einen Tee, entzünde deine Kerzen und vielleicht auch das Räucherwerk z.B. Weihrauch. Atme tief durch ... und entfalte deinen Zettel. Das ist DEINE Aufgabe für dieses Jahr. Das Universum wird dir helfen, aber es liegt in deiner Hand, dir diesen Wunsch selbst zu erfüllen.

Tag der Heiligen Drei Könige

6. JANUAR

Heute, zum Tag der Heiligen Drei Könige schließen sich nun die feinstofflichen Tore der Anderswelt. Die Sternsinger ziehen umher und segnen die Häuser, indem sie mit geweihter Kreide C + M + B über die Haustüren schreiben.

Unsere Reise durch die Rauhnächte ist nun vollendet.

Wann immer du im Jahr eine Orientierung brauchst, schaue in deine Aufzeichnungen der letzten Tage. Lies deine Träume, Begegnungen und Erkenntnisse noch einmal und nimm Kontakt zur Qualität der jeweiligen Rauhnacht auf. Deine Niederschriften sind so wertvoll und reich an Hinweisen.

Das Zurhandnehmen deiner Aufzeichnungen kann eine kleine Kurskorrektur für dich bedeuten. Manchmal verliert man im geschäftigen Alltag seine Vorhaben und Wünsche aus den Augen. Die Notizen können dann deinen Blick auf deine ursprünglichen Ziele zurücklenken ... Manchmal werden dann die Ziele korrigiert ... manchmal der Weg.

Der Wunsch, den du dir selbst erfüllen darfst, liegt vor dir. Die Aufgabe, ihn zu erfüllen, liegt nun in deiner Hand. Das Ende der Reise ist der Aufbruch in ein neues Jahr ... in dem erblühen wird, was wir in der uns verwandelnden Zeit zwischen den Jahren gesät haben. In jeder Herausforderung, die uns begegnet, verbirgt sich die Möglichkeit, zu wachsen und zu reifen.

Ich freue mich sehr, dass ich dich durch die geheimnisvolle Zeit der Raunächte begleiten durfte und hoffe, dass ich ein paar Anregungen für dich und deine Entwicklung geben konnte.

Jedes Jahr beginnt die Reise, die aus der Dunkelheit in das Licht führt, wieder aufs Neue ... und doch wird sie immer wieder ein neuer Aufbruch, eine aufregende Reise ins Unbekannte sein. Möge die Reise viele schöne und ungeahnte Segnungen für dich bereithalten! Mögest du das Beste erwarten und erhalten!

Deine Anett

P.S.: Im Jahreslauf gibt es viele schöne Zeiten und Rituale, die uns bereichern. Ob Lichtmess, die Tagundnachtgleiche, das Osterfest oder die Sommersonnenwende, schon immer waren die Menschen im Kontakt mit der Natur und dem Göttlichen. In den nächsten Monaten werde ich auf meinem Blog immer mal wieder dazu schreiben und dich einladen auf eine weitere spannende Reise … und ich freue mich, wenn du wieder dabei bist!

Kleines Räucherwerk-Lexikon

Alantwurzel

Bringt Licht, Helligkeit und Sonnenschein in die Seele, vitalisiert und hilft blockierte Energien in den Fluss zu bringen.

Angelikawurzel

Ein Engel in Pflanzengestalt. Wirkt kräftigend, revitalisierend und macht zuversichtlich, stärkt das Selbstvertrauen und bringt die Lebensfreude zurück.

Beifuss

Bringt erstarrte Energien ins Fließen, hilft Altes loszulassen und Spannungen abzubauen.

Benzoe Siam

Wirkt entspannend, beruhigend, öffnend, antidepressiv und vermittelt ein Gefühl inneren Friedens, regt die Phantasie und Inspiration an.

Bernstein

Befreit das Herz und hilft beim Loslassen negativer Emotionen und vermittelt Licht, Sonne, Freude und Helligkeit. Außerdem stärkt er das Urvertrauen in uns.

Birke

Der Baum des Aufbruchs und Neubeginns. Sie wirkt belebend und macht uns zuversichtlich. Die Birke bringt alles ins Laufen.

Copal

Seine klärende, reinigende Kraft macht wach und präsent, regt die Konzentration, Kreativität und geistige Klarheit an.
Er öffnet für geistige Ebenen und weitet das Bewusstsein.

Damiana

Gehört zu den ältesten Heilpflanzen der Indianer und stärkt den positiven Energiefluss, auch in Räumen. Wirkt euphorisierend, entspannend und stimmungsaufhellend und wird zur Bewusstseinserweiterung eingesetzt.

Dammar

Hat eine erhellende Wirkung und bringt Licht ins Dunkle. Es löst Spannungen und Emotionen, fördert die Verbindung mit den feinstofflichen Ebenen und unterstützt Visionsreisen.

Eberesche

Löst Zweifel und bringt Klarheit, hilft den Weg (wieder) zu finden.

Efeu

Verbindet die Erde mit dem Himmel und schenkt das Gefühl von innerer Freiheit.

Eichenmoos

Unterstützt Wandel und Transformation, bereinigt und gibt Sicherheit.

Eisenkraut

Macht Mut und stärkt das Selbstvertrauen. Es unterstützt die Kontaktaufnahme zu den Spirits und der feinstofflichen Welt und wird auch "Visionskraut" genannt.

Eukalyptusblätter

Unterstützt die Konzentration, bringt ins seelische Gleichgewicht, kann innerlich aufbauen und Leichtigkeit schenken, befreit den Kopf von Ballast und erfüllt mit neuer Energie.

Frauenmantel

Stärkt die Selbstliebe und hilft, für sich selbst da zu sein.

Galgant

Bringt geistige Klärung und hilft das rotierende Gedankenrad zu durchbrechen und stärkt die Sicht auf das Wesentliche.

Holunder

Gilt als Schutzbaum und bringt Segen, unterstützt Entscheidungsprozesse und den passenden Zeitpunkt zu finden.

Iriswurzel

Wirkt vitalisierend, inspirierend und schenkt lichtvolle Erinnerungsfäden.

Jasminblüten oder Jasminweihrauch

Löst Ängste und Blockaden auf sanfte Weise. Schenkt das Gefühl von Geborgenheit und bewirkt Hingabe und Herzöffnung.

Kardamom

Hat die Botschaft, die reine Freude zu verbreiten! Mit ihm zieht Fröhlichkeit ins Gemüt. Er scheint der Seele Flügel zu verleihen und zaubert ein Lächeln ins Gesicht.

Koriander

Belebt unsere Sinne und klärt den Geist. Er schenkt frische Energie und offenbart neue Lösungsansätze.

Lorbeer

Bringt Klarheit im Denken. Visionen, Handlungsimpulse, Tatkraft und Konsequenz werden gestärkt. Er wirkt unterstützend in persönlichen Entwicklungsprozessen.

Mastix

Ein Sonnen- und Lichtbringer. Er sorgt für einen klaren und wachen Geist, hellt die Stimmung auf, stärkt die Intuition und bringt die Verbindung zu sich selbst.

Melisse

Fördert die Zuversicht, stärkt das Selbstvertrauen und bringt Segen und Erfolg. Sie kann auch als Schutzräucherung genutzt werden.

Mistel

Dringt tief ins Unterbewusstsein, um dort alte Anhaftungen und Blockaden aufzulösen. Sie ist ideal für Räucherungen in Schwellensituationen und bringt Schutz und Segen.

Muskatellersalbei

Wirkt inspirierend und kreativitätsfördernd, unterstützt die persönliche Entwicklung und ist ein "Lebenseleixier".

Myrrhe

Wirkt erdend, unterstützt dich bei der Erreichung deiner Ziele und schärft den Blick fürs Wesentliche. Sie verbindet Körper, Geist und Seele und schafft Verbindung zur feinstofflichen Welt.

Palo Santo

Der Baum der Ahnen. Er unterstützt die Kontaktaufnahme zu den Ahnen, Reinigungsrituale und Dankesräucherungen. Er wirkt entspannend in hektischen Zeiten und hilft das Gedankenkarussell zum Stillstand zu bringen.

Rosenblätter

Wirken auf allen Ebenen des Bewusstseins und schenken Geborgenheit, Harmonie und (Selbst-)Liebe. Sie lassen Frieden schließen, wirken herzöffnend und unterstützen die Vergebung.

Rosmarin

Unterstützt, wenn man Liebgewonnenes gehen lassen muss. Er klärt und reinigt, gibt Mut zum Selbst und stärkt Neuanfänge.

Sandarak

Sehr beruhigend und entspannend, aber auch klärend, reinigend und kräftigend. Er kann "dicke Luft" neutralisieren und schärft die Sinne.

Styrax

Aktiviert die Herzenskraft und ermöglicht es, sich ganz und gar einzulassen. Er befreit von Alltagssorgen und lässt dich einfach entspannen.

Thymian

Stärkt Mut, Willen und das Selbstvertrauen. Bringt die Leichtigkeit des Seins zurück und fördert den Lebenswillen. Er erweckt aus Lethargie und Erstarrung.

Tonkabohnen

Harmonisiert unser Sein und macht uns bereit, unser Herz vertrauensvoll zu öffnen.

Vetiver

Lässt dich selbst annehmen und lieben. Dabei zentriert es und holt dich wieder auf den Boden der Tatsachen.

Wacholder

Stellt Kontakt zur eigenen Ahnenlinie her, unterstützt Vergebung, zeigt Lösungsansätze auf und lässt Chancen erkennen, weckt die Intuition, gibt Sicherheit, stärkt das Selbstvertrauen.

Weidenrinde

Stärkt das Urvertrauen und macht stark für neue Aufgaben, lässt dich über deine eigenen Grenzen gehen.

Weihrauch

Am Besten ein weicher balsamischer, z.B. aus dem Oman.
Hilft zu vergeben, klärt und reinigt, befreit die Atmosphäre von dunklen Energien, gibt Sicherheit und wirkt segnend.

Weißer Salbei

Ist DAS Kraut der Bereinigung überhaupt. Es vertreibt die negativen Energien und niederen Astralwesen, klärt das Bewusstsein und löst.

Yerba Santa

Das Santakraut löst Schwere und Trauer auf und lässt Liebe für sich selbst empfinden.

Zeder

Gibt die nötige Kraft für Veränderungen, klärt den Geist, stärkt die Intuition, schenkt Elan und neues Selbstvertrauen.

Finde deine Art des Räucherns

Duftstoffe in jeder Form sind seit Jahrtausenden sinnliche und medizinische Wegbegleiter der Menschen. Ob im Orient, Asien, in der altamerikanischen Welt oder in Europa, ob in Tempeln, Kirchen oder Häusern, ob zum Meditieren, Desinfizieren, Aromatisieren ... Räucherstoffe sind tief in fast allen Kulturen verwurzelt. Klassische Räucherstoffe sind Weihrauch, Myrrhe und Sandelholz, welche traditionell mit Räucherkohle verräuchert werden. Es gibt jedoch auch das sanfte Räuchern auf einem Sieb oder das Abbrennen von Kräuterbüscheln.

Nachfolgend findest du Schritt-für-Schritt-Anleitungen für die einzelnen Methoden.

Räuchern mit Kohle

Ideal zum Räuchern von Harzen, wie Weihrauch und von Räuchermischungen mit hohem Harzanteil.

1. **Eine Räucherschale (1 bzw. 3)** wird mit trockenem Räuchersand mindestens zur Hälfte gefüllt und auf eine feuerfeste Unterlage gestellt. Die Räucherschale kann aus Ton, Keramik, Messing, Kupfer oder Edelstahl sein – das ist ganz deinem Geschmack überlassen.

2. **Die Räucherkohle (6)** – eine spezielle selbstzündende Kohle mit Magnesium, wird mit einer Kupferzange (5) seitlich über einer Kerzenflamme entzündet. Sie beginnt zu knistern und es läuft ein Glutfunke durch die Kohle. Erst wenn der Funke durch die Kohle gelaufen ist, wird sie auf den Sand gelegt.

3. **Du wartest,** bis die Kohle sich ganz entzündet hat und komplett mit einer weiß-grauen Ascheschicht überzogen ist – auch in der Mitte! Das kann durchaus 10 Minuten dauern. Es gibt Kohle mit den Durchmessern 27, 33, 40 und 50 mm. Die Kohletabletten glühen dann je nach Größe 30 bis 90 Minuten, du hast jetzt also genügend Zeit für dein Räucherritual.

4. **Erst mit der durchgehenden Ascheschicht** ist die Räucherkohle bereit. Wird das Räucherwerk zu früh auf die Kohle gelegt, besteht die Gefahr, dass die Glut erstickt und im Zweifelsfalle gar nichts passiert …

Möchtest du ein längeres Ritual durchführen, wähle eine größere Räucherkohle oder ein zweites Räuchergefäß.

5. **Nun kannst du eine Prise deines Räucherwerks** mit einem kleinen Kupfer-Räucherlöffel, einem Teelöffel oder so viel, wie zwischen deinen Fingern Platz hat, auf die Kohle streuen. Weniger ist dabei mehr. Sofort beginnt das Räucherwerk zu verglühen und Rauch steigt auf.

6. **Diesen kannst du mit einer Feder oder einem Fächer** um dich oder im Raum verteilen. Wenn es beginnt, angebrannt zu riechen oder es aufhört zu rauchen, streichst du mit einem Löffel oder Messer, die verkohlten Kräuter und Harze von der Kohle und gibst frisches Räucherwerk darauf. Vertraue dir und warte, bis du einen Impuls zum Nachlegen bekommst.

   Als Räucherwerk eignen sich Harze wie Weihrauch, Myrrhe, Benzoe, Copal oder Styrax. Auch kann man fast alle Kräuter, Hölzer und Gewürze zum Räuchern verwenden. Mit Harzen vermischt werden sie zu hervorragenden Aromagebern.

   Auf Seite **151** ff. findest du eine kleine Übersicht mit geeignetem Räucherwerk für die Rauhnächte.

7. **Zum energetischen Reinigen deiner Räume** gehst du vorsichtig mit dem Räuchergefäß (hier sind ein Pokal (**3**) oder eine Räucherpfanne (**1**) ideal) im Uhrzeigersinn durch die Räume und verteilst mit einer Feder (**8**) den Rauch im Raum, in den Ecken und an den Wänden.

8. **Für dein persönliches Räucherritual** oder zum Erlangen von Ideen oder Visionen, setzt du zur Meditation die Räucherschale auf einer feuerfesten

Unterlage vor dir ab. Gib nun dein Räuchwerk auf die Kohle, beobachte den aufsteigenden Rauch und fächere ihn mit einer Feder über deinen Kopf und entlang deines Körpers. Tu dies drei Mal … für die Vergangenheit, die Gegenwart und die Zukunft.

9. **Nach Beendigung deines Rituals** wartest du, bis die Kohle erkaltet ist, oder du löscht sie mit Sand oder Wasser.

Räuchern mit einem Teelicht-Stövchen (2) mit Sieb

Ideal zum schonenden Räuchern von Kräutern

Möchtest du nur Kräuter, Hölzer und Gewürze verräuchern, ist dies eine schöne unaufdringliche Räucheralternative zur Kohle-Räucherung.

Auf dem Sieb (**2**) wird durch ein darunterstehendes Teelicht ohne große Rauchentwicklung schnell und unkompliziert Räucherwerk verduftet.

Diese Methode bietet sich in kleinen Räumen oder auch im Büro an. Bei der Auswahl des Stövchen ist auf einen ausgewogenen Abstand zwischen Teelicht und Sieb zu achten. Zu nah, verbrennt es sofort, ist der Abstand zu groß, passiert nichts.

Harze verkleben das Sieb und sind deshalb für diese Räuchermethode weniger geeignet. Wer dennoch diese raucharme Praktik bevorzugt, kann sich mit einem kleinen Stück Alufolie behelfen. Diese wird auf das Sieb gelegt, die Harze darauf. Dadurch wird das Sieb geschützt und herabtropfendes Harz vermieden. Für einige Harze reicht jedoch die Hitze eines Teelichts nicht aus, um sie zum Schmelzen zu bringen.

Zum Räuchern gibst du eine kleine Menge deiner Wunschkräuter auf das Sieb. Dies können im Mörser (**4**) klein geriebene Kräuter, Hölzer, Samenkörner, Blüten oder Gewürze sein. Auch hier steigt sehr schnell der Rauch auf. Dieses Räuchergut muss auch, sobald es verbrannt riecht, mit einem Messer o.ä. abgestrichen werden, um wieder frisches Räucherwerk nachlegen zu können.

Räuchern mit Kräuterbündeln (7)

Einige Kräuter kann man sehr gut zu Bündeln binden. Dies sind z.B. Salbei, Beifuß und Wermut. Sie eignen sich auch hervorragend zum Reinigen von Räumen. Wenn die Kräuterbündel fest gebunden und getrocknet sind, glühen sie für gewöhnlich recht langsam durch, sodass man sie auch gut in der Hand halten und mit ihnen durch die Räume schreiten kann. Zum Löschen werden die Kräuter im Sand ausgedrückt oder mit Wasser übergossen.

Was die passende Räuchermethode für dich ist, findest du am besten beim Probieren heraus. Wenn du deine persönlichen Lieblingswerkzeuge gefunden hast, lohnt sich auch das Invest in eine hochwertige Ausstattung. Und du darfst dir sicher sein – egal welcher Weg dein Rauchweg ist – zu beobachten, wie die feste Materie des getrockneten Pflanzenwerk sich in Rauch und reine Asche transformiert, zieht auch deine Seele mit.

Räuchern zum energetischen Reinigen deiner Wohnung

Bitte lies dir die Hinweise bereits **VOR** der geplanten Reinigungsräucherung gut durch.

→ Das brauchst du ...

- **Räuchergefäß** (praktischerweise in Kelch- oder Pfannenform, da sich diese besonders gut in die Hand nehmen lassen.)
- **Feder**
- **Räucherwerk** wie weißen Salbei, Weihrauch oder eine Räucher-Reinigungs-Mischung
- Wenn du Weihrauch oder eine Räuchermischung verräucherst: **Räucherkohle**, **Räuchersand**, **Räucherzange** & **Löffel**
- **Kerze**
- **Klangschale oder Glocke**
- **genügend Zeit ohne Störung**
- **Haustiere sollten nicht anwesend sein.** Zum einen bist du durch sie in deiner Konzentration eventuell abgelenkt, zum anderen nehmen sie ggf. Teile der aufgelösten Energie auf.

→ Vorbereitungen

Kündige einen Tag vorher den Energien im Raum an, dass du am nächsten Tag die Wohnung räuchern und reinigen wirst.

Alle Zimmer der Wohnung gründlich aufräumen, entrümpeln und reinigen. Je gründlicher du dies tust, umso leichter wird die energetische Reinigung ablaufen. Stelle dir beim Aufräumen vor, wie du all das Alte und Vergangene hinausputzt. Öffne währenddessen immer wieder die Fenster.

Du kannst am selben Tag oder in den nächsten Tagen räuchern – so wie es für dich zeitmäßig am Günstigsten ist, ohne dich unter Druck zu setzen.

Am Tag der energetischen Räucherreinigung putzt du dich erst mal selbst. Nimm ein Bad in Meersalz oder dusche dich gründlich von Kopf bis Fuß mit Salz ab. Trage helle Kleidung.

-> Energetische Reinigung

Richte dir einen Altar für deine Räucherzeremonie ein. Du kannst dafür Platz auf deinem Hausaltar (Seite 171) schaffen oder diesen an einem zentralen Ort in deiner Wohnung erschaffen – es kann auch der (leergeräumte) Esstisch sein.

Platziere auf deinem Räucheraltar (auf einem Tuch) all deine benötigten Utensilien. Du kannst auch dir wichtige Gegenstände auf deinen Räucheraltar stellen. Mit dem Anzünden der Kerze wird der Altar aktiviert. Bitte die Kraft des Feuers, dich bei der Reinigung zu unterstützen und alle gelösten Energien zu transformieren.

Dann entzündest du an der Flamme die Räucherkohle (je nach Größe der Wohnung auch mehrere) und lässt sie durchglühen. Auf Seite 160 wird dies genau beschrieben.

Während die Kohle durchglüht, gehst du in dich und rufst deine Spirits an und bittest um Führung und Unterstützung. Du kannst dich auch mit dem Hausgeist verbinden – keiner kennt deine Wohnung so gut wie er.

Die Fenster sind während des Clearings geschlossen.

Das Clearing beginnst du mit der Klangschale oder der Glocke, um die groben Energien zu lösen. Dazu gehst du im Uhrzeigersinn mit der Klangschale (oder der Glocke) durch jeden einzelnen Raum und lässt den Schall an den Wänden entlanggleiten. Du wirst mit zunehmender Erfahrung den Unterschied hören, wenn sich gestaute Energien auflösen. Beginne an der Haus- bzw. Wohnungs-

tür und schreite im Uhrzeigersinn alle Räume ab. Starte im Untergeschoss, dann folgen alle weiteren Stockwerke von unten nach oben.

Zurück an deinem Räucheraltar beginnst du mit der Räucherung. Mein persönlicher Favorit zur enegetischen Reinigung ist der Weiße Salbei. Er wächst hauptsächlich im sonnigen Kalifornien und ist eine der stärksten Pflanzen zum Reinigen und Segnen von Räumen, Lebewesen und Gegenständen.

Die Salbei-Bündel, auch Smudge genannt, sind ideal, um sie in der Hand zu halten und damit zum Klären durch die Wohnung zu gehen. Du löst den Faden um das Bündel herum und ziehst es leicht auseinander, dadurch kann das Smudge-Bündel besser durchglühen. Dann zündest du die Spitzen des Salbei an und bläst die Flammen aus. Durch leichtes Blasen in die Glut wird der Rauch erzeugt, welcher zum Reinigen der Räume dient.

Glüht das Salbeibündel, kannst du mit dem Clearing in den Räumen beginnen. Es ist dabei sinnvoll, das Salbeibündel in eine feuerfeste Räucherschale, die nicht heiß wird und die du gut halten kannst, zu geben. Nun schreitest du durch deine einzelnen Räume und räucherst entlang der Wände. Mit einer Feder kannst du den Rauch besonders gut lenken. Nach der Räucherung kannst du das Salbeibündel mit Hilfe von Sand löschen und für spätere Anwendungen aufbewahren.

Möchtest du mit Weihrauch, einer Reinigungs-Räuchermischung oder einem anderen Räucherwerk deine Wohnung ausräuchern, gehe wie folgt vor: Nimm die Räucherschale und gib auf die durchgeglühte Kohle das Räucherwerk deiner Wahl (genaue Beschreibung Seite 160). Geh mit der Schale in der Hand durch die Räume und streiche mit einer Feder den aufsteigenden Rauch an den Wänden entlang. Je nachdem, wie groß die Wohnung ist, gehst du zwischendurch immer wieder zum Altar zurück und legst neues Räucherwerk auf die Kohle.

Während der einzelnen Schritte (Klang und Rauch) visualisierst du, wie sich die alten, stagnierenden Energien der vergangenen Zeit transformieren ... von Menschen, die vor dir hier gelebt haben, von Personen, die dir Energie geraubt haben, Energien von Krankheiten und Mutlosigkeit, Energien der eigenen Unsicherheit und innerem Chaos, Energien, die dir mehr Kraft nehmen als geben. Wenn du an manchen Stellen das Bedürfnis hast länger zu verweilen, so verweile solange, bis du ein gutes Gefühl hast.

Spürst du, dass du deinen Fokus nicht mehr auf die Transformation der Energien halten kannst, mache eine kurze Pause. Die Visualisierung und der Fokus auf deine Reinigung ist mindestens genauso wichtig, wie die Klangschale und das Räucherwerk.

Ist deine Wohnung komplett geräuchert, solltest du dich selbst auch abräuchern. Fächere den Rauch mit einer Feder über deinen Kopf und entlang deines Körpers. Tue dies drei Mal.

Hast du geweihtes Wasser, kannst du dieses anschließend in den einzelnen Räumen versprengen. Es ist immer wieder überraschend, wie sauber und frisch sich die Zimmerluft danach anfühlt.

Zum Abschluss der Reinigung begibst du dich wieder zu deinem Hausaltar und dankst den helfenden und unterstützenden Kräften und bittest um Segen für dich, deine Familie und deine Wohnung.

Nun formulierst du laut, dass das Reinigungsritual beendet ist. Mit dem inneren Bild der ewig brennenden Flamme löschst du die Kerze. Entbinde alle Gegenstände auf dem Altar von ihrer symbolischen Aufgabe und reinige diese im Rauch. Räume sie achtsam wieder auf. Die Wohnung wird jetzt gründlich gelüftet. Wechsle deine Kleidung und reinige dich selbst mit einem Salzbad oder einer Salzdusche.

Und immer daran denken: Die Energie folgt den Gedanken ... also achte auf deine Gedanken!

Warum jeder einen Altar haben sollte

Im asiatischen Kulturkreis sieht man allerorts Menschen, die ihren Hausaltar mit frischen Blumen und kleinen Schüsseln mit Köstlichkeiten schmücken und dabei ein wenig innehalten. Mit dieser kleinen Puja verbinden sich die Menschen mit dem Höchsten (was auch immer das für jeden ist) und bleiben in Kontakt mit ihren Spirits. In unserer schnelllebigen Zeit, mit vollgestopften Tagen und ständig kreisenden Gedanken, bringen uns kleine Rituale der Achtsamkeit in Verbindung mit unserem Inneren. Ein kleiner Altar schenkt dir dabei zu Hause einen Ort der inneren Ruhe, Entspannung und Spiritualität im Alltag und macht ihn zu einem heiligen Ort. Er ehrt die heiligen Aspekte des Lebens und ist immer eine persönliche Kraftquelle, von der eine besondere Energie ausgeht.

Was einen Altar von anderen schönen Dingen unterscheidet, ist, dass er keiner Erklärung bedarf – er funktioniert ganz alleine durch seine Symbolik. Symbole helfen uns, Zugang zu etwas zu schaffen, ohne dass wir dafür Worte finden müssen. Ein Altar kann etwas auslösen, was Stress löst und innerlich stärkt. Ist dies erst einmal „einprogrammiert", reicht es schon, einen Blick darauf zu werfen, um sich besser zu fühlen.

Ein selbst gestalteter Hausaltar ist also mehr als nur ein Ort, an dem Steine, Bilder oder Kerzen gesammelt werden. Es ist vielmehr ein Ort, an dem du zur Ruhe kommen, meditieren, dich erinnern, Schutz suchen, den Stress des Tages ablegen und Kraft sammeln kannst. In besonderen Zeiten wie den Rauhnächten oder zu besonderen Anlässen, wie einer energetischen Raumreinigung, kann er zu dem zentralen Ort deiner spirituellen Gedanken in deinem Haus werden.

Wie du deinen Altar gestaltest

Grundsätzlich gibt es keine festen Regeln, wie ein Altar auszusehen hat. Das Entscheidende ist, dass du deinen Altar wundervoll findest, er ein inspirierender Ort der Ruhe für dich ist und er dich an deine Intentionen erinnert.

Lege eine Intention fest

Bevor du deinen Altar zusammenstellst, ist es hilfreich, eine bestimmte Intention für ihn festzulegen. Wobei soll dich dein Altar unterstützen? Möchtest du achtsamer werden, deine Meditationen im Flow halten, deine Energie auf ein bestimmtes (Lebens)thema fokussieren oder einfach eine spirituelle Kraftquelle in deiner Nähe haben? Soll er ein Platz für bestimmte Rituale, zum Beispiel Räucher- und Mondphasenrituale oder für deine tägliche Meditations- oder Yogapraxis werden?

Finde den richtigen Ort

Hast du einen Ort in deinem Zuhause, an dem du dich besonders wohlfühlst? Von dem eine bestimmte Kraft ausgeht? Es sollte ein Platz sein, an dem du auch mal ungestört sein kannst, der warm und gemütlich ist, damit du dort gerne verweilst. Wähle einen hellen und ruhigen Bereich, um eine klare Energie zu schaffen. Möchtest du den Altar mit deiner Yogapraxis verbinden, achte dabei auf genügend Platz. Vielleicht denkst du bei dem Wort Altar zunächst an große Schreine in Kirchen, zu Hause kannst du deinen Altar auf dem Boden aufbauen oder auf einem kleinen Tisch oder Schränkchen. Du kannst einen Wandvorsprung oder ein Fensterbrett nutzen. Nicht die Größe ist entscheidend.

Ein Altar in der Nähe der Eingangstür zieht Positives in dein Zuhause und schützt dein Heim vor negativen Energien. Traditionell werden Altäre an der Westwand im Haus aufgebaut und nach Osten oder Nordosten ausgerichtet – die Himmelsrichtung des Neuanfang, der Auferstehung und frischen Energien.

Gestalte deinen Altar

Als Erstes hebst du deinen Altar vom Rest des Raumes ab. Du kannst die Wand hinter dem Altar farbig streichen, ein buntes Tuch auf das Tischchen legen oder ein großes Metall- oder Holztablett als Grundlage wählen.

Bei der Gestaltung deines persönlichen Altars ist es wichtig, deiner Intuition zu folgen. Mit welchen Gegenständen verbindest du eine besondere Kraft? Was schenkt dir Ruhe, Frieden und Geborgenheit? Was erinnert dich an deine Werte und Intentionen? Dies können Fotos deiner Familie oder Freunde, besondere Edelsteine, Federn, Muscheln, Schmuck sein – einfach alles, was eine gute Energie hat und dich an etwas Schönes oder Wichtiges erinnert. Die Verbindung mit den vier Elementen, Erde – Wasser – Luft – Feuer, sichert dir eine weitere Ebene der Unterstützung und aktiviert all deine Sinne. Meist ist die Gestaltung eines Altars ein Prozess. Die Dinge kommen zu dir und halten deinen Altar lebendig. Ein kraftvoller Altar wird immer persönlicher und entwickelt sich mit dir und deinen Intentionen weiter – dazu gehört auch, dass Dinge deinen Altar auch wieder verlassen.

Auf den klassischen Altären finden sich meist **Bilder von inspirierenden Lehrern, Engeln, Statuen von Lieblingsgöttern, Kerzen und frische Blumen**.

Kerzen schaffen eine gemütliche Grundstimmung. Du kannst sie zur Meditation einsetzen, dich an dein inneres Feuer erinnern und dein Räucherwerk daran entzünden. Sie stehen symbolisch für alle Lichter des Universums … für den Sieg des Lichtes über die Dunkelheit. Mit ihrem Anzünden aktivierst du den Altar und das Element Feuer.

Eine **Duftlampe** mit deinem ätherischen Lieblingsöl wird dir Geborgenheit schenken und den Kontakt mit dem Ätherischen, den Weiten des Himmels herstellen. Hier kannst du Kontakt mit dem **Element Luft** aufnehmen. Alternativ geht dies auch mit einer **Feder** – sie erinnert dich daran, das Leben leicht zu nehmen.

Edelsteine und Kristalle verleihen deinem Altar positive erdende Energie. Du kannst sie während einer Meditation in den Händen halten und ihre Kraft spüren. Sie verbinden deinen Altar mit dem Element **Erde**.

Blumen verbinden dich mit der Kraft der Natur und erinnern dich an die Schönheit, die in dir ist und die dich umgibt. Achte darauf, dass sie immer frisch sind.

Muscheln oder geweihtes Wasser bringen dir die Verbindung zum Element **Wasser**.

Kleine Statuen von Engeln, Buddha, Göttern oder Tieren sind eine gute Ergänzung. Je nachdem, was du mit ihnen verbindest, werden sie dir helfen dich zu zentrieren, in stressigen Zeiten tief durchzuatmen und wieder im Hier & Jetzt anzukommen, dir Energie schenken.

Lege deine liebsten **Schmuckstücke** während einer Meditation oder einem Ritual auf deinen Altar und lade sie mit deinen Intentionen, deiner Liebe und Dankbarkeit auf.

Räucherwerk reinigt den Ort, deine Aura und schenkt frische Energie ... egal ob Räucherstäbchen, Weihrauch, weißer Salbei oder Palo Santo. Entzünde es vor jedem Ritual, während einer Meditation oder um die Gegenstände und Edelsteine energetisch zu reinigen.

Der Klang eines **Glöckchen** oder einer **Klangschale** wecken verborgene Ebenen und verbinden dich.

Persönliches und Alltägliches mit einer besonderen Bedeutung machen deinen Altar „rund". Fotos, Geschenke oder Andenken von lieben Menschen, mit denen du positive Erinnerungen verknüpfst, sind eine wunderbare Ergänzung auf deinem ganz persönlichen Altar.

Beginne mit einem bestimmten zentralen Gegenstand, um den herum du dir deinen Altar aufbaust. Spreche die tiefere Bedeutung, die du mit jedem Gegenstand verbindest, laut aus. Vervollständige deinen Altar mit einer Segnung für dein Zuhause. Nimm dir Zeit und lass es sich entwickeln. Wenn dir danach ist, gestalte ihn um. Der Altar sollte ein Ausdruck deiner Aura sein und dich jeden Tag daran erinnern, innezuhalten und dankbar für all das Schöne zu sein, das dich umgibt und das du bist.

Lebe deinen Altar

Entsprechend deiner Absicht wirst du deinen Altar mit Leben füllen. Welche Intention bei dir auch im Vordergrund steht, das Wichtigste ist, dass dein Altar ein lebendiger Teil deines Lebens ist, dass er gepflegt und geliebt wird. Spätestens wenn du merkst, dass er verstaubt und die verwelkten Blumen dich täglich mahnen, dass du dich um dein Leben(sGlück) kümmern wolltest, ist es an der Zeit, etwas zu ändern ...

Verankere eine feste Zeit in deinem Tagesablauf, lass es zu einem täglichen Ritual werden, deinen Altar zu pflegen ... die Blumen auszutauschen ... eine Kerze und ein Räucherstäbchen anzuzünden ... innezuhalten ... Dankbarkeit zu fühlen ... dir deiner Ziele bewusst zu werden ... dich mit deinem Höheren Selbst zu verbinden. Es ist schön, täglich dem Altar (und damit sich selbst) Aufmerksamkeit zu schenken. Es ist schön, diese Aufmerksamkeit mit einer Yoga- oder Meditationspraxis zu verbinden. Es ist einfach schön, einen Altar zu haben.

Die zwölf Kristalle der Rauhnächte

Amethyst

Intuition, Meditation, Klarheit, Essenz

Der Stein der Entscheidungen. Der Amethyst steigert die Wahrnehmung und aktiviert unseren Geist. Er gilt als der Stein der Spiritualität und führt dich in die Tiefen deiner Innenwelt. Alle überflüssigen Gedanken werden geklärt. Du bist in der Lage, die Essenz der Dinge zu erkennen und klare Entscheidungen zu treffen. In der Meditation stärkt er die Konzentration. Neben dem Bett fördert er einen erholsamen Schlaf und im Raum aufgestellt beeinflusst er die Raumenergie positiv.

Geeignet für Edelsteinwasser.

Aventurin

Flow, Gelassenheit, Anti Stress, Manifestation

Der Lebensabenteuerer. Der Aventurin bringt Geduld und Gelassenheit und öffnet das Herz für die schönen Dinge des Lebens. Er verleiht Mut, Optimismus und Zielstrebigkeit und hilft dir, deine Träume zu manifestieren und dein Bewusstsein auf Fülle auszurichten. Die gelöste und freie Energie des Aventurin lässt dich im Alltag einfache Lösungen finden und im Flow bleiben. Er sorgt für ein leichtes Einschlafen, einen entspannten Schlaf und regt Träume an.

Geeignet für Edelsteinwasser.

Bergkristall

Klarheit, Fokus, Intuition, Kraft

Der Klärer und Vitalisierer. Der Bergkristall ist ein Multitalent unter den Kristallen. Er vermittelt klares und ruhiges Denken und stärkt die Intuition und Wahrnehmung. Dein Gespür für den richtigen Zeitpunkt wird gefördert und du kannst neue Richtungen und notwendige Richtungswechsel erkennen und entscheiden. Er eignet sich von allen Steinen am besten, um Informationen aufzunehmen und weiterzugeben. Damit wird er zu einem wertvollen Unterstützer anderer Kristalle. Der Bergkristall sollte in keiner Edelsteinsammlung fehlen.

Geeignet für Edelsteinwasser.

Bunter Turmalin

Erkenntnis, Öffnung, Klarheit, Ruhe

Die Offenbarung des Lichts. Farbige Turmaline, besonders die roten und grünen, schenken dem Herzen Ruhe und Harmonie. Sie dringen tief in das Gefühlsleben ein und lösen hier Blockaden und alte Denkmuster. Der Turmalin ermöglicht, Entwicklungen und deren Ursachen und Wurzeln zu erkennen. Die Erkenntnis schenkt innere Ruhe und Klarheit für die kommenden Prozesse. Der Turmalin fördert das Streben nach Harmonie und Klarheit im Leben.

Citrin

Lebensfreude, Neubeginn, Entscheidungskraft, Wohlstand

Der Stein des ewigen Lebens. Der Citrin ist der Kristall der Lebenslust und Lebensfreude. Er heißt uns im Leben willkommen und ist DER Stein für Selbstverwirklichung und Entscheidungskraft. Du möchtest neue Wege gehen? Der Citrin sollte dein ständiger Begleiter werden! Der Citrin zieht Glück und Wohlstand an und lässt deine Wünsche Realität werden. Je intensiver seine Farbe ist, umso stärker wirkt die Kraft der Sonne in ihm.

Geeignet für Edelsteinwasser.

Gelber Jaspis

Achtsamkeit, Ausdauer, Selbsterkenntnis, Vision

Der Fels in der Brandung. Der gelbe Jaspis schenkt dir innere Ruhe, Achtsamkeit und fördert deine Ausdauer und Willenskraft. Er unterstützt dich darin, deinen Weg zu erkennen und deine Ideen und Ziele umzusetzen. Aus dem Prozess der Selbsterkenntnis lässt er dich strahlend eine bessere Version deines Selbst erschaffen.

Hämatit

Lebenskraft, Mut, Selbstannahme, Schutz

Der Stein, der es dich durchziehen lässt. Der Hämatit spendet Lebenskraft und Mut zur Selbständigkeit. Durch mehr Entschlossenheit hilft er dir, deine Komfortzone zu verlassen und deinen ureigentlichen Bedürfnissen mehr Aufmerksamkeit und Raum zu geben. Er lehrt dich, dein Leben aktiv selbst in die Hand zu nehmen und dich anzunehmen, wie du bist. Der Hämatit baut ein Schutzfeld um dich herum auf, welches dir eine freie Entwicklung ermöglicht.

Mondstein

Intuition, Führung, Vertrauen, Balance

Die steingewordende Intuition. Der Mondstein ist der Stein der Intuition und Führung. Er öffnet für das nicht Greifbare und steigert das Einfühlungsvermögen. Mit einem Mondstein fühlst du dich angebunden und kannst Vertrauen entwickeln, wo es bisher nicht möglich war. Sanft und kraftvoll zugleich gibt er Stabilität und Ausgeglichenheit.

Geeignet für Edelsteinwasser.

Moosachat

Visionen, Selbstbewusstsein, Pragmatismus, Klarheit

Der Fülle-Magnet. Der Moosachat weckt deinen Verstand und lässt dich dein Leben bewusster leben. Verhaltensmuster werden erkannt und aufgelöst. Visionen und Ideen zeigen sich und können pragmatisch angegangen werden. Der Moosachat ist wie ein Booster für dein Selbstbewusstsein und ähnlich einem Lichtschwert zeigt er dir deine Richtung. Nach starker Verausgabung beschert er eine schnelle körperliche und geistige Erholung.

Geeignet für Edelsteinwasser.

Rauchquarz

Öffnung, Erkenntnis, Entspannung, Schutz

Der Förderer. Der Rauchquarz öffnet uns die Augen für die aktuelle Situation, für einen neuen Lebensweg, für den Sinn deines Lebens. Ein Kristall für die Innenschau und Meditation wie auch zum Bewältigen innerer Hürden. Der Rauchquarz hilft, Spannungen im Innen wie im Außen zu lösen und erhöht die eigene Belastbarkeit. Er ist ein wichtiger Schutzstein vor Angriffen und Übergriffen von dunklen Energien sowie gegen Elektrosmog und geopathische Störungen.

Geeignet für Edelsteinwasser.

Rosenquarz

(Selbst-)Liebe, Herzöffnung, Dankbarkeit, Vertrauen

Der Stein, der Herzen erweicht. Der Rosenquarz ist der Herzöffner und Stein der Liebe(nden). Die sanfte und zugleich kraftvolle Wirkung des Rosenquarz erobert die Herzen und öffnet sie für Vertrauen, (Selbst-)Liebe und Dankbarkeit. Der Rosenquarz macht die Menschen „weicher" und lehrt uns die Wunder des Lebens zu erkennen. Er lässt uns das „Schöne" im Leben sehen und zieht Harmonie an. Er verleiht dir Aufgeschlossenheit und entwickelt Vertrauen für einen Neubeginn ... und heilt letztendlich damit auch seelische Wunden.

Geeignet für Edelsteinwasser.

Versteinertes Holz

Geborgenheit, Erdung, Erkenntnis, Fokus

Der Erdende. Versteinerte Hölzer sind, besonders wenn sie sehr bunt sind, große Energiespender und Lichtbringer. Sie verleihen uns die Kraft, Fehler der Vergangenheit zu erkennen und uns selbst dafür zu vergeben. Die stark erdende Wirkung des versteinerten Holzes gibt Kraft, Geborgenheit und die Erkenntnis, wo dein Platz im Leben ist. Es unterstützt dich darin, deinen Fokus auf deine Ziele zu lenken und Begonnenes zu Ende zu führen.

Geeignet für Edelsteinwasser.

Das Rauhnächte-Crystal-Grid

Was ist ein Crystal-Grid? Man kann das mit Kristall-Mandala übersetzen. Grids vereinen die Grundprinzipien der Heiligen Geometrie und die kraftvollen Energien von Edelsteinen. Sie geben dir Kraft in jeder Situation, die eine Unterstützung benötigt. Die Grids werden je nach Thema aus verschiedenen Kristallen in bestimmten Formen gelegt und auf einem präsenten Ort in deiner Wohnung oder auf deinem Altar platziert, bis das gewünschte Ziel erreicht ist.

Das besondere am Rauhnächte-Grid

Die 12 Rauhnächte sind Losnächte ... wir können jetzt zwischen den Welten wandeln und unsere Visionen, Wünsche und Träume für das kommende Jahr aussenden.

Dieses Rauhnächte-Grid hat die Autorin **Anne-Mareike Schultz** exklusiv für uns entworfen. Es verbindet dich über die gesamte Rauhnächtezeit und, wenn du möchtest, auch über das gesamte Jahr mit der kraftvollen Magie der Rauhnächte. Es unterstützt dich beim Lösen deiner Prozesse und dem Formulieren deiner Visionen und Wünsche für das neue Jahr.

Anne-Mareike sagt dazu: „Die Rauhnächte laden dazu ein, auch für sich einen Ankerpunkt zu schaffen, einen Platz, an dem du meditieren, orakeln und deine Wünsche in die Welt senden kannst. Dies kannst du mit einem Grid unterstützen und dir einen Platz erschaffen, der dich durch diese magische Zeit begleitet. Was anders ist bei diesem Grid, als bei vielen anderen, dass du jeden Abend, bevor die Nacht für den kommenden Monat beginnt, einen erneuten Stein hineinlegen kannst und dieses Grid damit wächst. Damit musst du das Grid an jedem Abend auf ein Neues aktivieren, jedoch kannst du dann auch immer wieder eine neue Intention hineinsprechen."

Wie ich meine edlen Steine hege und pflege

Edelsteine finden auf den unterschiedlichsten Wegen zu ihren Besitzern. Manch einer geht strategisch vor und lässt sich von Empfehlungen und Beschreibungen leiten, andere mögen es intuitiv und wählen die Steine, die immer wieder die Blicke auf sich ziehen oder die man immer wieder in die Hand nehmen muss. Hierbei gibt es kein „Richtig" oder „Falsch" ... Es gibt immer einen guten Grund, warum genau der Stein jetzt vor dir liegt.

Und wenn ein neuer Edelstein oder ein ganzes Set bei dir einzieht, bringt es jede Menge Erfahrung und Energien mit sich. Damit du nur die Essenz, die Urkraft der Edelsteine erhältst, solltest du neue Steine immer erst mal ,,reinigen" bzw. ,,entladen". Da die Edelsteine nicht nur Energie aufnehmen, sondern auch ihre Lebensenergie an ihre Umgebung und auf uns Menschen übertragen, ist es notwendig, sie regelmäßig zu pflegen und ihnen die Möglichkeit zu geben, sich wieder aufzuladen. Je nach Intensität deiner Themen kann dies einmal monatlich oder nach jedem Gebrauch notwendig sein.

Methoden des „Entladens" und „Reinigens"

Wasser

Wasche deine Kristalle unter lauwarmen Wasser mit etwas Spülmittel sanft ab und stelle dir dabei vor, wie jegliche energetischen Abdrücke gelöst und weggespült werden. Die Visualisierung des Auslösens und Wegspülen ist hierbei mindestens genauso wichtig wie das Wasser selbst. Sei dabei ganz fokussiert auf dein Tun.

Rauch

Das Räuchern von Weihrauch, Palo Santo oder Weißem Salbei ist eine kraftvolle Reinigungsart für Edelsteine. Halte deinen Edelstein für einige Sekunden in den aufsteigenden Rauch und visualisiere wie der Rauch jedwede Fremdenergie aus dem Kristall löst.

Salz

Du kannst deine Edelsteine über Nacht in eine Schale mit Himalayasalzkristallen legen oder für eine Stunde in Salzwasser. Himalayasalz kann negative Schwingungen aus der Umgebung abziehen und in sich speichern. Das Salz kannst du mehrmals verwenden. Diese Methode ist nicht für jeden Edelstein geeignet – z.B. greift das Salz u.a. Lapislazuli, Selenit und Disthen an.

Hämatit

Hämatit ist traditionell ein stark leitender Stein, welcher Energien gut aufnehmen kann. Lege deinen Edelstein über Nacht in eine Schale mit kleinen Hämatit-Trommelsteinen. Die Hämatitsteine kannst du in Bergkristallen regenerieren.

Klang

Intensiver Klang löst Energiestrukturen auf. Du kannst diesen zur Reinigung deiner Edelsteine nutzen. Die Schwingung einer guten Klangschale oder intensives Trommeln eignen sich gleichermaßen. Lege dazu deine Kristalle in die Klangschale hinein und schlage sie an oder halte sie über die Trommel, während sie gleichmäßig geschlagen wird.

Temperaturextreme – Kochen & Gefrieren

Beim Abkochen und Gefrieren der Edelsteine verhält es sich wohl so, dass das Kristallgitter der Steine sich ausdehnt bzw. zusammenzieht und dadurch die Informationen gelöscht werden. Gleichzeitig werden Bakterien etc. abgetötet. Dies ist eine sehr radikale Maßnahme und nicht für jeden Stein geeignet. Beim Abkochen lege die Steine ins kalte Wasser und erhitze es Schritt für Schritt bis zum Siedepunkt. Ich würde dies nicht mit Schmucksteinen machen.

Methoden des „Aufladens" und „Energetisierens"

Sonne

Edelsteine im Sonnenlicht aufzuladen ist einfach und kraftvoll. Breite deine gereinigten Kristalle auf einem Teller oder auf dem Fensterbrett aus und lass sie tagsüber im direkten Sonnenlicht liegen.

Diese Methode ist nicht für alle Edelsteine geeignet ... der Amethyst z.B. verliert im Sonnenlicht seine schöne lila Färbung und auch seine Kraft.

Bergkristall

Es gibt kleine Bergkristall-Trommelsteine. Diese sind gut geeignet, deine Edelsteine nach der Reinigung wieder aufzuladen. Leg sie in eine kleine Schale und darauf deine zu energetisierenden Steine. Achte darauf, dass die Bergkristall-Trommelsteine selbst immer gut gereinigt und aufgeladen sind (z.B. in der Sonne).

Amethystdruse

Wer eine Amethystdruse sein Eigen nennt, kann seine Edelsteine darin wunderbar und schnell auftanken lassen. Je dunkler und größer die Spitzen der Druse,umso kraftvoller sind sie. Je geschlossener die Druse ist, umso effektiver und schneller der „Ladevorgang"

Die Amethystdruse bewirkt durch ihre bloße Anwesenheit im Raum eine Klärung und Reinigung der Energien. Sie ist ein lohnendes Invest für friedvolle Raumenergien. Bitte achte darauf, dass deine Druse nicht dem direkten Sonnenlicht ausgesetzt ist.

Mondlicht

Meine Lieblings-Methode ist das Aufladen im Vollmondlicht. Zum einen vergesse ich so nicht, mindestens einmal im Monat all meine Steine zu reinigen und zu energetisieren. Zum anderen ist die Vollmondenergie kraftvoll und sanft zugleich.

Ich lege am Tag vor Vollmond all meine gereinigten Edelsteine und Schmuckstücke in den Garten und wenn die Sonne scheint, lasse ich sie noch einen weiteren Tag da liegen. So habe ich einmal monatlich super aufgeladene Schätze.

Die Kunst, das Orakel zu befragen

In der Tradition zählen die Rauhnächte zu den sogenannten Lostagen. Lostage sind fest bestimmte Tage, die eine gewisse Vorausschau auf das Kommende ermöglichen. Bekannt ist z.B. auch der Siebenschläfertag am 27. Juni als Wettervorhersage für den Sommer.

Zur Zeit der Rauhnächte sind die Tore zur Anderswelt weit geöffnet. Eine gute Gelegenheit, die geistigen Wesen um Rat zu fragen. Dabei geht es weniger darum, die Zukunft vorherzusagen, denn die gestalten sich von Moment zu Moment neu. Es geht eher darum, zu erkennen, worauf wir selbst achten und welchen Themen wir uns zuwenden sollten.

Du kannst dafür in einer Meditation dein Krafttier oder deinen Schutzengel bitten, eine Botschaft zu senden. Achte in den Rauhnächten darauf, was und wer dir begegnet und was dir widerfährt. Dies alles sind Hinweise für dich für das kommende Jahr.

Natürlich laden die Rauhnächte auch zum Orakeln ein. Ein schöner Brauch ist das Bleigießen (jetzt Wachsgießen) in der Silvesternacht. Für die Interpretation der Bedeutung deiner Figur, darfst du dir Zeit lassen ... Sie wird nicht mit dem Verstand zu erfassen sein und vielleicht erkennst du ihren ganzen Inhalt erst am Ende des Folgejahres.

Das klassische Orakel ist die Große Arkana – die 22 Hauptkarten des Tarot. Hinter ihnen verbirgt sich ein ganzes Universum an Deutungen, Bedeutungen und Weisheiten.

Es gibt eine Vielzahl von Kartensets, welche sich hervorragend zum Orakeln eignen. Ob Krafttier-, Engel-, Baum- oder Kristallkarten ... die Beschreibungen in den jeweils beiliegenden Büchlein befriedigen deinen Geist. Das Betrachten, Hineinspüren und Eintauchen in das Bild nährt deine Seele.

Die Karten eines Kartendecks können den Zugang zu deiner Seele herstellen. Frage dich vor dem Ziehen einer Karte „Wenn ich wüsste, was mir meine Seele durch die Karten sagen will, was wäre das?"

Vor dem Auslegen der Karten, klopfe drei Mal mit den Fingern auf sie – dies ist wie ein Spaceclearing. Danach halte sie an dein Herz, damit sie sich mit dir verbinden. Alle Kartendecks sollten regelmäßig mit Salbei oder Weihrauch geräuchert werden.

Du kannst am Neujahrstag eine Karte mit einer Botschaft für das neue Jahr ziehen. Detaillierter ist es, in jeder Rauhnacht eine Karte zu ziehen. Lass dich davon berühren und inspirieren, um dich dann auch während des entsprechenden Monats mit der Botschaft auseinanderzusetzen. Welche Wegweiser wurden dir gegeben? Worauf solltest du achten? Auch vermeintlich negative Karten haben einen wichtigen Impuls für dich. Es geht nicht um Angst, vielmehr um Achtsamkeit und inneres Wachstum.

Heute schon „Schwein gehabt"?

Auch ohne Kenntnis der Rauhnächte ist es üblich, am Neujahrstag Glücksbringer zu verschenken. Ein schöner Brauch, der uns das ganze Jahr über ein Lächeln ins Gesicht zaubern wird. Doch so wenig wie Glück gleich Glück ist, ist Glücksbringer gleich Glücksbringer. Nachfolgend ein paar Einsichten in dieses vielschichtige Thema.

"Schwein gehabt" ist eine Redewendung, die man immer wieder hört. Sie bezieht sich auf einen klassischen Glücksbringer: das **Glücksschwein**. Dass es als Glücksbringer gilt, hat einen recht simplen Grund: Im Mittelalter gab es kleine Schweinchen auf Volksfesten als Trostpreise, die dann auf lange Sicht unerwartetes Glück brachten.

Die alten Griechen brachten ihrer Fruchtbarkeitsgöttin "Demeter" Schweine als Opfer. Die Germanen ehrten den Eber als heiliges Tier der Götter und nannten ihn "Gullinbursti" (den mit den Gold-Borsten). Im asiatischen Raum ist das Tier ein Zeichen für Glück und Zufriedenheit.

Andere bekannte Glücksbringer, wie **Klee** oder **Marienkäfer** sind christlichen Ursprungs. Natürlich muss das Kleeblatt vier Blätter haben. Denn es heißt, dass Eva bei der Vertreibung aus dem Paradies ein vierblättriges Kleeblatt mitnahm, um sich später an die schöne Zeit im Paradies erinnern zu können. Und wer möchte nicht ein kleines Stück Paradies sein Eigen nennen?

Dann muss nur noch die Farbe des Glücksklees stimmen: Sind die Blätter noch **hell**, soll das Glück den Finder bereits ereilt haben. Sind sie **dunkel**, dann wartet das Glück noch.

Bei den Kelten und Druiden, kurz vor der christlichen Zeitrechnung, hielt das Glücks-Kleeblättchen zum Schutz vor dem Bösen her, genauso symbolisierten die vier Blätter aber auch die vier Himmelsrichtungen und die vier Elemente. Sowohl in der Zahlenmystik als

auch in der Tiefenpsychologie spielt die Vier heute die Rolle der Vollkommenheit und Ausgeglichenheit.

Auch wenn der Marienkäfer oft gern zusammen mit dem Glücksklee verschenkt wird, hat seine Symbolik einen ganz anderen Ursprung. Der Marienkäfer wird, wie sein Name schon verrät, der Jungfrau Maria zugeschrieben. Sie schickte ihn wohl als Geschenk auf die Erde. Ein Geschenk, vor allem für die Bauern, denn der Marienkäfer frisst Läuse und andere Schädlinge von den Pflanzen. Die Ernte wurde ertragreicher, wenn Marienkäfer auf Getreidehalmen krabbelten und von Baum zu Baum flogen. Eine reiche Ernte war früher ein großes Glück. Noch heute glauben wir gern daran, dass es Glück bringt, wenn ein Marienkäfer Mensch mit Baum verwechselt und auf uns landet.

Den Verliebten verdanken wir das **Hufeisen** als Glücksbringer. In Zeiten vor Telefon und WhatsApp kamen Liebesbriefe per Postkutsche, die von Pferden gezogen wurden. Das Hufeisen eines solchen Pferds zu ergattern, galt als noch größeres Glück als der Liebesbrief selbst. Traditionell wird das Hufeisen über die Eingangstür gehängt. Natürlich mit der Öffnung nach oben, damit das Glück nicht herausfällt.

Die **Glücks-** oder **Reichtumsmünze** ist von alters her in China das klassische Symbol für Glücks- und Wohlstandsmehrung. Reichtum ist dabei gleichbedeutend mit Fülle, welche materiell und finanziell sein kann, aber auch der innere Glanz, sprich die Liebe und den geistigen Reichtum, wie Wissen und Erfahrung, einschließt. Seit Jahrtausenden verheißen kunstvoll geknüpfte rote Glücksknoten in China Glück, Wohlstand, Vollendung und Harmonie.

Die Chinesischen Glücksmünzen symbolisieren durch ihre runde Form und das Viereck in der Mitte die Einheit von Himmel und Erde. Die runde Grundform stellt dabei die himmlische, schöpferische Kraft (Yang) und das typische quadratische Loch die empfangende Energie der Erde (Yin) dar.

Die **Glücks-Winkekatzen Maneki-neko** kommen ursprünglich aus Japan. Inzwischen sind sie kosmopolit und als universeller Glücksbringer nicht mehr wegzudenken. In Geschäften und Restaurants sollen sie durch ihr unermüdliches Winken Kunden anziehen und finanzielles, wie geschäftliches Glück bringen. Wichtig hierbei, sie sollte IN die Kasse hinein winken. Im privaten Haushalt werden sie im Türbereich aufgestellt, um Wohlstand zu bringen und Unglück fernzuhalten.

Die Farbe der Glückskatze spielt eine große Rolle. Dreifarbige Katzen werden als Glücksbringer angesehen, weshalb eine **dreifarbige** Maneki-neko besonders viel Glück und Wohlstand verspricht. Eine **reinweiße** Maneki-neko steht für Reinheit und Unschuld. Eine **schwarze** wehrt Dämonen und Stalker ab. Eine **goldene** Maneki-neko soll Reichtum anziehen. Eine **rote** Glückskatze vertreibt Krankheiten. Eine **pinkfarbene** Maneki-neko schließlich ist der Pfirsichblüte verschrieben und lockt Liebhaber an.

Ebenfalls von Bedeutung ist die Geste des Winkens. Hebt die Glückskatze die **linke Pfote**, ruft sie Kundschaft und Besucher herbei. Hebt sie die **rechte Pfote**, verspricht dies Glück und Wohlstand. Je höher sie ihre Pfoten hebt, desto mehr Kundschaft und Glück soll sie damit anlocken.

Glücksbringer muss man geschenkt bekommen. Und nach dem Prinzip „was du säst, das wirst du ernten" verschenke reichlich Glück an deine Mitmenschen! Egal welchen Favoriten du dabei hast. Durch das Platzieren im Sichtbereich verankerst du das Gewünschte in deinem Bewusstsein und dies ist der erste Schritt zur Verwirklichung!

Dies ist sogar wissenschaftlich nachgewiesen: in einer Studie aus dem Jahr 2010 belegte die Wissenschaftlerin Lysann Damisch, dass sich Glücksbringer tatsächlich positiv auf den Erfolg bei Prüfungen auswirken. Allein der Glaube daran, einer Herausforderung oder dem neuen Jahr mit einem Talisman begegnen zu können, zaubert schon neue Kraft. Ganz egal, ob Klee, Schwein oder Katze ...

Danksagung

Nun ist es vollbracht ... das Buch ist geschrieben und liegt zur Endkorrektur vor mir. Und plötzlich bin ich sprachlos. Dieser Teil war mir die ganze Zeit über besonders wichtig – und jetzt finde ich nicht die passenden Worte. Nicht, weil es mir an Dank mangelt, wohl eher, weil ich das Gefühl habe, mit Worten diesem nicht gerecht zu werden.

Die Idee des Rauhnächte-Workbooks schlummert schon seit vielen Jahren in mir. Es erfüllt mich mit tiefer Dankbarkeit, nun all die wunderbaren Rituale des Räucherns, Orakelns und In-Sich-Gehens mit dir teilen zu dürfen. Die Verbindung von Tagebuch und allem Wissenswerten um die magische Zeit war mir ein großes Anliegen. Alles in einem zu haben – und das in einem schönen Design, war der große Wunsch, den ich mir nun selbst erfüllen durfte.

Viele Menschen haben diese Zeilen zu dem werden lassen, was sie nun sind. Allen voran meine **Eltern, Gisela und Gottfried**, welche mir die Kunst des Differenzierens und der Klarheit mit auf dem Weg gaben. Und mich immer wieder ermunterten, meine eigenen Entscheidungen aus dem Herzen zu treffen – unabhängig vom Mainstream.

Natürlich mein Opa Alfred, der meine Seele für das Mystische öffnete.

Meine wunderbaren Freundinnen haben mich jede auf ihre Art so unglaublich kraftvoll unterstützt.

Ich bin so dankbar

Carolin ... die in vielen Tages- und Nachtschichten dieses wundervolle Layout erstellt hat und all meine Änderungswünsche immer und immer wieder umgesetzt hat.

Anne ... die mich auch ohne Worte versteht, und die mich immer wieder auf den ursprünglichen Pfad zurückholt, wenn ich mal wieder dabei bin, einen Umweg zu gehen.

Pauline und noch mal meine Mama ... die mit ihren akribischen Blicken der Deutschlehrerinnen nicht nur meine zahlreichen, geliebten ,, ... „ gestrichen haben, sondern auch ganze Sätze umgebaut und den Sinn hinter manch einer Formulierung hinterfragt haben.

Rebekka und die Mädels im Laden ... die mir in den vielen Zeiten meiner Abwesenheit im Laden den Rücken freigehalten haben.

Bettina ... die mich in einem stundenlangen Telefonat geduldig in die Geheimnisse um die Strukturen der Buchverlage und Vertriebe eingeführt hat.

Natürlich meiner **Tochter Nina Lotta ...** die sich mehr als einmal das Abendessen allein zubereiten musste.

Die Leser meines Blogs ... die mir mit ihren Fragen und Kommentaren manch zusätzliches Kapitel entlockt haben.

Und all die Lieblingsmenschen ... die mir einen Topf Suppe in den Kühlschrank stellen, wenn er am leersten ist ... die mich auf einen aufmunternden Kaffee einladen, wenn ich das Gefühl habe, all den Anforderungen nicht gerecht werden zu können ... bei denen meine Tochter jederzeit und unangekündigt ein kuscheliges Bett findet, wenn ich mal wieder unterwegs bin ... die einfach immer für mich da sind. ♡

♡ DANKE ♡

Dieses Workbook soll mehr Book als Work für dich sein. Möge dich die Verbindung von Struktur und Leichtigkeit auf der Reise zu dir selbst begleiten. Mögen wir gesegnet durch Licht und Liebe magische Momente erleben.

Deine Annett

Quellennachweis

Herbert Kleist: **Volksglaube und Volksbrauch während der Zwölften im ost-deutschen Landschaftsraum.** *Bamberg 1938*

Denise Linn: **Soul Coaching – 28 Days to Discover Your Authentic Self.** *USA 2003*

Marlis Bader: **Räuchern mit heimischen Kräutern.** *München 2003*

Brigitta de las Heras: **Die Reise durch den Jahreskreis.** *Darmstadt 2005*

Jeanne Ruland: **Das Geheimnis der Rauhnächte.** *Darmstadt 2009*

Christine Fuchs: **Räuchern in Winterzeit und Rauhnächte.** *Stuttgart 2012*

Monika Philipp: **Jahreskreisfeste & Rituale.** *Leipzig 2014*

Vera Griebert-Schröder, Franziska Muri: **Die Rauhnächte als Quelle der Ruhe und Kraft.** *München 2014*

Valentin Kirschgruber: **Von Sonnenwend bis Rauhnacht.** München 2015

Annemarie Herzog: **Gelebte Rau(ch)nächte.** *Österreich 2016*

Annemarie Herzog: **Rauhnacht Tagebuch.** *Köln 2017*

Beate Seebauer, Anne-Mareike Schultz: **Magische Rauhnächte.** *Darmstadt 2018*

Anne-Mareike Schultz, Denis Möck-Ludwig: **Crystal Grids.** *Darmstadt 2019*

Rauhnächte-Zubehör

Man kann die magische Zeit der Rauhnächte intensiv mit täglichen Räucherungen zelebrieren ... oder sich einzelne Rituale aussuchen, die am besten in den eigenen Tagesablauf passen. Jeder entwickelt dabei seine Rauhnächte-Routine.

Wir haben verschiedene Sets für die individuellen Bedürfnisse zusammengestellt. Lass dich inspirieren.

Du findest all die Dinge, die dich in deiner Rauhnächte-Challenge unterstützen, in jedem gut sortieren Fachhandelsgeschäft und in unserem Online-Shop: **www.fengsigns.de**

Großes Rauhnacht-Komplett-Set

Mit dem großen Komplett-Set bist du für die Rauhnächte umfassend ausgerüstet.

Mit dieser vollständigen Räucherausstattung kannst du jede einzelne Rauhnacht individuell beräuchern, deine Wohnung und dich energetisch reinigen und an
Heilig Abend und Silvester reinen Weihrauch genießen. Das Set aus 12 + 1 Edelsteinen repräsentiert die verschiedenen Qualitäten der 12 Rauhnächte –
sie unterstützen dich bei deinen täglichen Rauhnacht-Ritualen. Das Rauhnächte Wunsch-Set begleitet dich durch das Ritual der 13 Wünsche.

Die Komplett-Sets unterscheiden sich in den Räuchergefäßen.

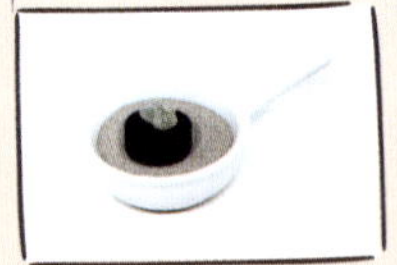

Im Set enthalten:

12 Rauhnächte-Räuchermischungen – für jede Rauhnacht die passenden Essenzen

1	Gläschen Weihrauch	1	Räucherlöffel
1	Bündel Weißer Salbei	1	Feder
1	Stick Palo Santo	1	Gläschen Himalaya-Salz
1	Räuchergefäß	1	kleine Abalone-Muschel
18	Räucherkohle	1	Rauhnächte Edelstein-Set
200 g	Räuchersand	1	Rauhnächte Wunsch-Set
1	Räucherzange	1	Anleitung

Rauhnächte-Kalender

Du möchtest jede einzelne Rauhnacht individuell zelebrieren und räuchern? Du bist mit Räucherutensilien bereits gut ausgestattet und brauchst nur das passende Rauhnächte-Räucherwerk? Dann ist dieser Rauhnächte-Kalender genau das Richtige für Dich!

Im Set enthalten:

12	Rauhnächte-Räuchermischungen – für jede Rauhnacht die passenden Essenzen
1	Gläschen Weihrauch
18	Räucherkohle
200 g	Räuchersand
1	Feder
1	Anleitung

Rauhnächte-Wunsch-Set

Zelebriere das Ritual der 13 Wünsche und nutze die magische Zeit zur Unterstützung deiner Wünsche.

Im Set enthalten:

12	Wunschzettel
1	Bergkristall Spitze
1	Wunsch-Säckchen
1	Kerze
1	Beschreibung

Rauhnächte-Set „Verabschieden & Begrüßen"

Dieses Set enthält zwei verschiedene Räuchermischungen und ein Gläschen Weihrauch. Damit kannst du zielgerichtet in die verschiedenen Zeitqualitäten der einzelnen Rauhnächte eintauchen.

Im Set enthalten:

50 ml	Räuchermischung *Das alte Jahr verabschieden*
50 ml	Räuchermischung *Das neue Jahr begrüßen*
1	Gläschen Weihrauch
18	Räucherkohle
200 g	Räuchersand
1	Feder
1	Beschreibung

Kleines Rauhnächte-Set

Du möchtest es ganz einfach? Neben Räucherkohle, Sand und einer kleiner Räuchermuschel ist im Set die Rauhnächte-Komplett-Mischung *12 Nächte* aus 12 Zutaten enthalten – diese ist universal und kann in der gesamten Rauhnachtszeit geräuchert werden.

Im Set enthalten:

50 ml	Rauhnächte-Komplett-Räuchermischung
18	Räucherkohle
200 g	Räuchersand
1	Kleine Abalone Muschel
1	Beschreibung

Rauhnächte-Räuchermischungen, 50 ml

Du bekommst die Räuchermischungen natürlich auch einzeln. Sie sind auf dem Räuchersieb und auf Räucherkohle verräucherbar.

- Rauhnächte-Komplett-Räuchermischung **„12 Nächte"** aus 12 Zutaten
- Rauhnächte-Räuchermischung **„Das alte Jahr verabschieden"**
- Rauhnächte-Räuchermischung **„Das neue Jahr begrüßen"**

Räucher-Set Energetische Reinigung

Der Weiße Salbei und das heilige Palo Santo Holz sind ein magisches Duo. Ob eine grundlegende energetische Reinigung in den Rauhnächten oder mal schnell zwischendurch ... mit den beiden Räucherstoffen befreist du dein Zuhause und dich von alten Schwingungen und schenkst dir neue Energie.
Der Weiße Salbei kommt aus der Schamanenkultur der Indianer in Nordamerika. Palo Santo ist das heilige Holz aus Südamerika. Die Abalone-Muschel verkörpert im Set das Element Wasser und ist nicht nur wunderschön anzuschauen, sie ist auch als Räucherschale sehr hilfreich. Mit der Feder kannst du den aufsteigenden Rauch im Raum verteilen. Alles zusammen ist es ein perfekt aufeinander abgestimmtes Set.

Im Set enthalten:

20 g Weißer Salbei
1 Stück Palo Santo Holz
1 Paua Abalone Muschel
1 Feder
1 Anleitung zum Räuchern

Rauhnächte Edelstein-Set

12 Edelsteine und ein zusätzlicher sehr klarer Bergkristall-Trommelstein unterstützen dich in deinen Prozessen der Rauhnächte. Sie sind abgestimmt auf die jeweilige Rauhnacht-Tagesenergie. Du kannst sie in dein Trinkwasser geben, auf deinen Rauhnächte-Altar legen oder einfach den ganzen Tag bei dir tragen. Übers Jahr bringen sie dir die kraftvolle Energie der Rauhnächte in den Alltag.

Im Set enthalten ist eine Erklärung zur Anwendung der Rauhnachts-Edelsteine sowie eine Erläuterung zur Reinigung der Kristalle.

Rauhnächte-Magie

Dieses Set verbindet die Kraft der Rauhnachts-Edelsteine mit dem Zauber des Ritual der 13 Wünsche. Magisch und einfach wundervoll ♡

Im Set enthalten:

1 Rauhnächte-Wunsch-Set (S.201)

1 Rauhnächte-Edelstein-Set (S.204)

1 Palo-Santo-Stick

1 Anleitung

Rauhnächte-Grid

Das kraftvolle Grid besteht aus **37 Edelsteinen** und **1 Münze**.

Es unterstützt dich in der Rauhnachtszeit beim Loslassen von Blockaden, gibt deinen Träumen und Visionen eine Form und steigert dein spirituelles Bewusstsein. Im Set enthalten ist eine Beschreibung zum Legen und ein Selenit-Stab zum Aktivieren des Grids.
Im Grid integriert ist das **Rauhnächte Edelstein-Set** (S. 204).

Bezugsquellen

Online-Shop: www.fengsigns.de

Bezahlung per PayPal, Klarna, Kreditkarte oder Vorkasse möglich

Ladengeschäft:

Im Fluss der Zeiten - Feng Shui Haus
Görlitzer Straße 21
01099 Dresden

Telefon: **0351 – 810 5498**
E-Mail: **bestellung@fengsigns.de**